Renate Barth

Was mein Schreibaby mir sagen will

**Hilfe durch bessere Kommunikation –
Schritt für Schritt zum Erfolg**

BELTZ

Die Autorin:
Dipl.-Psych. Renate Barth ist Psychologische Psychotherapeutin, Psychoanalytikerin und Familientherapeutin. Seit 1987 behandelt sie Eltern mit Säuglingen und Kleinkindern. Zunächst spezialisierte sie sich in Sydney/Australien im »Early Intervention Programme« am Royal Hospital for Women auf die Eltern-Säuglings-Psychotherapie nach Selma Fraiberg. 1992 gründete sie die von der Freien und Hansestadt Hamburg geförderte Beratungsstelle »MenschensKind« für Eltern mit Kindern von 0–3 Jahren.

Renate Barth hat mehrere Hundert Familien mit exzessiv schreienden Säuglingen beraten und das Behandlungskonzept der »BabyLeseStunden«, das Grundlage dieses Elternratgebers ist, entwickelt. Seit Frühjahr 2002 ist sie in Hamburg als Psychologische Psychotherapeutin niedergelassen. Ihre Tätigkeit umfasst drei Schwerpunkte: Beratung und Psychotherapie für Eltern mit Säuglingen und Kleinkindern (u.a. »BabyLeseStunden« für Eltern mit Schreibabys); Psychoanalyse und Psychotherapie Erwachsener; Fort- und Weiterbildung im Bereich der Beratung und Psychotherapie von Eltern mit Säuglingen und Kleinkindern.

www.beltz.de

© 2008 Beltz Verlag, Weinheim und Basel
Lektorat: Bernhard Schön, Idstein
Umschlaggestaltung: Federico Luci, Odenthal
Titelfoto und Fotos im Innenteil: Horst Lichte
Satz: Renate Rist, Lorsch
Druck und Bindung: Druck Partner Rübelmann, Hemsbach
Printed in Germany

ISBN 978 3 407 85853 5

Für meine Mutter
und meine Tochter Sophie
in Liebe

Inhalt

Liebe Leserin, lieber Leser,

seit Mitte der Achtzigerjahre berate ich Eltern mit Babys, die übermäßig viel quengeln und schreien. Dabei ist mir immer wieder aufgefallen, dass viele nicht richtig wissen, was ihrem Kind fehlt. Sie gehen entweder von unzutreffenden Ursachen aus oder haben gar keine Vermutung, warum ihr Baby so viel weint. Das erschwert es ihnen, effektive Lösungsstrategien zu entwickeln.

Aus dieser Erkenntnis heraus habe ich die Behandlungsmethode der *BabyLeseStunden* entwickelt und im In- und Ausland an Hunderten von Familien erprobt (Barth 2000 und 2004). Ziel dieser Methode ist es, über eine Beobachtung des Kindes zu einem Verständnis darüber zu gelangen, was es durch sein Verhalten vermitteln möchte:

► Warum schreit es?
► Warum lässt es sich nicht beruhigen?
► Warum wendet es sich von der Brust oder Flasche ab?
► Warum schläft es nicht ein, obwohl es müde sein müsste?

Die *BabyLeseStunden* haben gezeigt, dass Eltern ihrem Kind schnell helfen können, wenn sie die Ursachen für sein Verhalten kennen. Ihr Baby dankt es ihnen durch eine größere Zufriedenheit. Frau A., Mutter eines ehemals exzessiv schreienden Säuglings, beschreibt dies so:

»Egal, wer Marie kennen lernt, jeder sagt: Das ist aber ein ausgeglichenes Baby. Was für einen zufriedenen Eindruck sie macht! Ich genieße jetzt das Zusammensein mit ihr. Die Zeit ist zwar weiterhin knapp durch die zweistündigen Stillabstände. Aber trotzdem kann ich es nicht lassen, mit Marie zu spielen, zu plaudern und zu kuscheln. Sie hat eine so entzückende Ausstrahlung, dass ich sie sogar auf den Arm nehme, wenn sie gar nicht nörgelt – einfach, weil es schön mit ihr ist. Mein Mann und ich freuen uns, dass wir jetzt unsere gesamte Energie zum Spaßhaben nutzen können. Früher mussten wir den ganzen Tag über ein unausgeschlafenes, nörgelndes Baby ruhig stellen. Irgendwie haben wir jetzt ein völlig anderes Kind. Gut, dass man bei Ihnen Babys umtauschen kann und dabei trotzdem sein eigenes behält!!!«

Erfahrungen wie diese haben mich ermutigt, das Prinzip der *Baby LeseStunden* in einem Ratgeber als Selbsthilfeansatz vorzustellen. Er *richtet sich an Eltern mit gesunden Säuglingen bis zu ca. vier Lebensmonaten* und gibt eine Anleitung zum besseren Verständnis der kindlichen Signale. So können Eltern die individuelle Ausdrucksweise ihres Babys ganz gezielt in unterschiedlichen Situationen beobachten und »verstehen«, um daraus den weiteren Umgang mit ihm abzuleiten.

Jeder Ratgeber hat Grenzen. Für manche Eltern werden die hier gegebenen Anregungen und Empfehlungen allein nicht ausreichen, um zu einem befriedigenderen Miteinander mit ihrem Kind zu finden. In Kapitel 5 werde ich darlegen, welche Gründe dabei eine Rolle spielen können.

In vielen Fällen führt das von mir beschriebene Vorgehen aber zu einer deutlichen Besserung der für die ersten vier Lebensmonate typischen Schrei-, Schlaf- und Fütterstörungen und ermöglicht eine beglückendere Beziehung zum Baby.

Viele Menschen haben dazu beigetragen, dass ich dieses Buch schreiben konnte. Ich danke all den Eltern, die sich hilfesuchend an mich gewandt haben und mir erlaubt haben, aus ihren Fallgeschichten zu zitieren. Ohne sie wäre dieses Buch nicht möglich gewesen. Herzlichen Dank auch den Müttern, Vätern und Babys, die auf den Fotos abgebildet sind. Sehr verbunden bin ich Frau Dipl.-Päd. Klein für die Anregung zu diesem Buch und Frau Dr. Bindt, Frau Dr. Jacubeit, Frau Dr. Kapaun, Frau Prof. Dr. Papoušek und Frau Dipl.-Psych. Zoch für wertvolle fachliche Anmerkungen zum Manuskript.

Einleitung

Ein Kind zu bekommen ist mit vielen Hoffnungen und Wünschen verbunden, aber auch mit Zweifeln und Ängsten. »War es eine richtige Entscheidung?« »Werde ich eine gute Mutter, ein guter Vater sein?«, fragen sich die Eltern. »Gelingt es uns als Paar, dem Baby einen Platz als Drittem im Bunde zu gewähren, ohne dass einer ausgeschlossen wird?«

Vorstellungen vom idealen Baby wechseln sich ab mit Ängsten, etwas könne mit ihm nicht stimmen. Bei der Geburt wird die Mutter zum ersten Mal von ihrem Kind getrennt. Das kann sie unendlich traurig stimmen, aber auch erleichtern. Jetzt treffen die beiden aufeinander: das Baby der Phantasie und das wirkliche Baby. Dies ist meist ein Moment großer Freude. Manchmal überwiegt jedoch die Enttäuschung, insbesondere, wenn das Baby zu früh auf die Welt gekommen ist, eine Behinderung oder Erkrankung hat oder viel quengelt und schreit.

Von Geburt an gibt es große Unterschiede zwischen Kindern. Manche sind robust und »pflegeleicht«, andere empfindlich und in ihrem Verhalten nur schwer einschätzbar.

»Warum schreit unser Baby so viel?«, fragen sich viele Eltern, »wir tun doch alles, was wir können.« Bei der Suche nach einer Erklärung neigen sie dazu, sich selbst die Schuld zu geben, oder sie denken, ihr Kind habe Schmerzen, Ängste oder andere Leiden.

Neueren Erkenntnissen der Säuglingsforschung zufolge liegt das Problem jedoch weder einseitig bei den Eltern noch allein beim Kind, sondern in der *Kommunikation* zwischen ihnen. Babys können nicht mit Worten mitteilen, was sie brauchen, sie drücken es in ihrem Verhalten aus. Für sie ist es wichtig, dass Eltern ihre vorsprachlichen Mitteilungen, wie Lächeln, motorische Unruhe und Schreien, nicht als zufällig und unbedeutend betrachten, sondern als ganz spezifische Botschaften, die es zu entschlüsseln und zu beantworten gilt.

Unangemessene Interpretationen dieser Botschaften des Kindes haben weit reichende Konsequenzen, weil Eltern ihr weiteres Vorgehen daraus ableiten. Entsprechen ihre Vermutungen nicht dem, was das Baby »sagt«, werden sie seine wahren Bedürfnisse nicht befriedigen können, und es wird noch mehr quengeln oder schreien, um endlich gehört zu werden.

In der Regel haben Eltern ein intuitives Wissen über den »richtigen« Umgang mit ihrem Baby. Ein großer Teil des interaktiven Austauschs geht so schnell vonstatten, dass kaum Zeit bleibt, sich Gedanken darüber zu machen. Der bekannte Kinderarzt und Psychoanalytiker Winnicott schreibt dazu: »Es wäre doch ein Jammer, ausgerechnet an diesem Punkt so etwas wie Selbstreflexion auszulösen, wo eine Frau ganz natürlich ist und handelt« (1966, S. 19).

Anders ist die Situation, wenn die Verständigung nicht so gut klappt, wenn das Baby viel quengelt und schreit oder unglücklich erscheint. Dann ist es sinnvoll, innezuhalten und genauer über das, was es durch sein Verhalten »sagen« will, nachzudenken. Dieser Ratgeber möchte dabei helfen.

Ich werde Ihnen zunächst einige allgemeine entwicklungspsychologische Informationen geben. In Kapitel 1 begleite ich Sie – wie in den »*BabyLeseStunden*« – durch das Verhaltensrepertoire Ihres Kindes, so dass Sie seine Signale besser verstehen und beantworten können.

1
Die frühe Kommunikation

Zu Beginn seines Lebens ist ein Kind hilflos und vollständig auf die Hilfe anderer angewiesen. Winnicott hat diesen Sachverhalt sehr prägnant formuliert, als er schrieb, dass es ein Baby allein eigentlich gar nicht gibt. Damit meinte er, »dass man überall da, wo man den Säugling findet, auch die mütterliche Fürsorge findet, und ohne mütterliche Fürsorge gäbe es keinen Säugling« (Winnicott 1965, S. 50). Dieser Satz gilt natürlich in gleicher Weise für Väter oder andere Personen, die für das Kind sorgen. Um das Überleben der menschlichen Art sicherzustellen, hat die Natur deshalb sowohl Eltern als auch Babys mit angeborenen Verhaltensmustern ausgestattet, die auf Nähe und Kommunikation ausgerichtet sind. Diese sollen in den folgenden beiden Abschnitten näher beschrieben werden.

Intuitives Elternverhalten

Eltern reagieren intuitiv auf ihr Baby. Wie Papoušek & Papoušek (1981) herausgefunden haben, ist ihr Verhalten in der Regel optimal auf die noch unreifen Aufnahme- und Verarbeitungsmöglichkeiten junger Säuglinge ausgerichtet. Es handelt sich hierbei nicht um erlernte Fähigkeiten, sondern um angeborene Verhaltensmuster, die ohne bewusste Kontrolle ausgeübt werden.

Dazu gehört die so genannte Ammensprache. Dabei sprechen Eltern in vereinfachter und übertriebener Weise mit vielen rhythmischen Wiederholungen und Variationen. So verwenden sie eine Sprachmelodie mit ansteigender, hoher Tonlage, wenn sie ihr Baby anregen, und mit abfallender, tiefer Stimme, wenn sie es beruhigen möchten. Von Geburt an bemühen sich Eltern um Blickkontakt, als wäre ihnen dessen bedeutsame Rolle für die frühe Entwicklung bekannt. Ohne darüber nachzudenken, halten sie ihr Baby in einem Abstand von ca. 20–25 cm, da sie intuitiv wissen, dass es in den ersten Lebenswochen in dieser Entfernung am besten sehen kann. Typischerweise belohnen die Kleinen jeden der anfangs noch flüchtigen Momente von Blickkontakt mit einer »Grußreaktion«. Diese ist durch leichte Rückwärtsneigung des Kopfes, erhobene Augenbrauen, weit aufgerissene Augen und geöffneten Mund gekennzeichnet.

Linus belohnt seinen Papa mit einer »Grußreaktion«

Diese frühen »Gespräche« haben von Anfang an einen Charakter von Wechselseitigkeit. Strecken Mutter oder Vater beispielsweise die Zunge heraus, ist ihr Baby bereits am ersten Tag in der Lage, dies zu imitieren (s. S. 31). Öffnen Eltern den Mund oder schürzen sie die Lippen, kann es das ebenfalls von Geburt an nachahmen.

Insgesamt sind Eltern bemüht, die positiven Gefühlszustände ihres Kindes zu fördern und zeitlich zu verlängern und die negativen gering zu halten. Dabei lassen sie sich in dem, was sie tun, von den Reaktionen des Babys leiten. Zeigt es, dass ihm das, was sie tun, gefällt, behalten die Eltern es in etwa bei und variieren es. Reagiert es darauf mit vermehrter Unruhe oder Schreien, probieren sie etwas Neues aus und beobachten, ob dies sein Wohlbefinden steigert.

Kinder sind auf Kommunikation und Bindung »programmiert«

Aber auch Babys tragen aktiv etwas zu dieser frühen Kommunikation bei, indem sie von Geburt an darauf ausgerichtet sind, soziale Kontakte aufzunehmen (Überblick bei Dornes 1993). Sie kommen mit einer Vorliebe für das menschliche Gesicht zur Welt und beginnen schon unmittelbar nach der Geburt, in besonderer Weise auf ihre Bezugspersonen zu reagieren. Sprechen beispielsweise die Mutter und eine unbekannte Person zur selben Zeit von je einer Seite mit einem Neugeborenen, wird sich dieses mit hoher Wahrscheinlichkeit der mütterlichen Stimme zuwenden. Schon nach wenigen Tagen wird es das Gesicht seiner Mutter länger betrachten als ein fremdes Gesicht. Babys sind bereits mit vier Monaten in der Lage, mit Vater und Mutter zusammen ein »Dreiergespräch«, einen so genannten Trialog, zu führen (von Klitzing 1998).

Wie der Psychoanalytiker Bowlby (1975) herausgefunden hat, strebt das Baby aktiv danach, enge Beziehungen (man spricht von Bindungen) zu den Menschen aufzubauen, die für es sorgen. Hat es solche Bindungen erst einmal entwickelt, ist es ihm nicht mehr, wie in den ersten Lebenswochen und -monaten, relativ egal, wer es einfühlsam betreut. Es möchte Mama, Papa oder eine andere ihm vertraute Person immer in seiner Nähe haben. Ab der zweiten Hälfte des ersten Lebensjahres wird dies besonders deutlich, denn dann bleiben Kinder nicht mehr so ohne weiteres bei ihnen unbekannten Menschen: Sie fremdeln.

Wie sich Babys mit Hilfe ihrer Eltern kennen und regulieren lernen

Ohne dass es ihnen immer bewusst ist, sind Eltern in der Regel den ganzen Tag damit beschäftigt, ihr Baby zu beobachten und seinem Verhalten eine Bedeutung beizumessen. Aus der Interpretation der kindlichen Signale leiten sie den weiteren Umgang mit ihm ab.

Denken Eltern beispielsweise, ihr Baby schreit, weil es Blähungen hat, gehen sie zum Kinderarzt, geben ihm ein Medikament, massieren seinen Bauch usw. Vermuten sie die Ursache darin, dass es nichts verpassen möchte, tragen sie es mit sich herum oder spielen mit ihm. Bringen sie sein Weinen mit Angst vor dem Alleinsein in Verbindung, lassen sie es auf dem Arm einschlafen oder legen sich mit ihm zusammen ins Bett. Interpretieren sie sein Schreien als Kritik an sich selbst, bekommen sie vielleicht ein schlechtes Gewissen und beschäftigen sich vermehrt mit ihm oder denken so etwas wie: »Dir kann man nichts recht machen, jetzt reicht es«, und lassen es schreien.

Immer überprüfen Eltern anhand der Reaktion ihres Kindes, ob ihre Interpretation gestimmt hat. Andernfalls stellen sie eine neue an und überprüfen diese. *Die »richtige« Interpretation ist eine Voraussetzung dafür, dass das, was sie in der Folge tun, den Bedürfnissen des Kindes gerecht wird.*

Kinder haben zu Beginn ihres Lebens zwar Empfindungen, aber keine Bewusstheit darüber. Sie wissen also weder, was sie fühlen, noch, wodurch diese Empfindungen ausgelöst geschweige denn verändert werden können. Das Bewusstwerden innerer Befindlichkeiten und Gefühle im Sinne von »Wenn ich dieses empfinde, heißt das, dass ich mich ärgere, und wenn ich jenes empfinde, bin ich traurig« wird ganz wesentlich durch den elterlichen Umgang geprägt (Überblick bei Dornes 1993). Babys zeigen, was in ihnen vor sich geht, und brauchen andere, die diese Signale aufgreifen und ihnen einen Sinn geben.

Eltern tun auch dies intuitiv. Ohne dass ihnen das bewusst ist, nimmt ihr Gesicht einen ähnlichen Ausdruck an wie den, den sie an ihrem Kind sehen. In der Fachsprache sagt man: Die Eltern spiegeln ihr Baby. Darüber hinaus fassen sie in Worte, was sie in ihrem Kind wahrnehmen, und leiten ihren weiteren Umgang daraus ab. Sehen sie beispielsweise, dass es gut gelaunt ist, legen sie eine vergleichbare Mimik an den Tag und sagen so etwas wie: »Ja, komm, mein kleines Mäuschen, nun guck mich doch mal an … Hier bin ich …« Sie beginnen, mit ihm zu spielen, und beobachten, wie es reagiert. Wenn sie merken, dass es keine Freude mehr daran hat, spiegeln sie automatisch seine neue Befindlichkeit, indem sie auch ein wenig missmutig gucken und sagen: »Jetzt magst du nicht mehr spielen … Ja, ja, ich weiß, du hast Hunger.« Daraus ergäbe sich dann folgerichtig, dass sie es stillen oder füttern.

 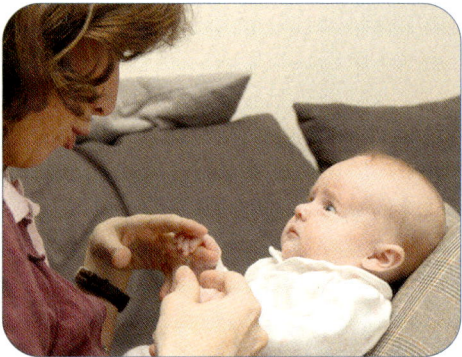

Eltern spiegeln automatisch die Befindlichkeit des Babys, wie hier Frau K. mit Tochter Calotta

Über ein solches Spiegeln sieht das Kind im Gesicht der Eltern sich selbst. Es sieht sozusagen von außen, in einer anderen Person, wie es ihm geht. Dadurch »weiß« es, was es fühlt. Auch wir Erwachsenen wissen ja erst, wie wir aussehen, wenn wir uns im Spiegel gesehen haben.

Das folgende Beispiel soll diesen komplexen Prozess, der ohne bewusste Kontrolle abläuft, verdeutlichen.

Die dreimonatige Paulina fängt auf dem Arm ihres Vaters, Herrn B.s, plötzlich an, zu quengeln. Er reagiert darauf, indem er, wie es Eltern in einer solchen Situation typischerweise tun, selbst auch ein wenig betrübt guckt und in leicht übertriebener Art und Weise sagt: »Ach, ist das alles schlimm, so schlimm. Du bist müde, und deine Äuglein fallen schon fast zu. Ja, ja, ich weiß, mein kleines Mädchen muss ins Bettchen. Komm, wir fahren nach Hause.« Da Paulina daran gewöhnt ist, in ihrem Bett einzuschlafen, legt Herr B. sie zu Hause hin, und sie schläft ein.

> *Woher wissen Babys, dass das, was sie im Gesicht der Eltern sehen, Ausdruck ihres eigenen Erlebens ist und nicht das der Eltern selbst?*
>
> Woher wissen sie beispielsweise, dass sie selbst ärgerlich sind, wenn die Eltern ein ärgerliches Gesicht machen, und nicht die Eltern? Gergely & Watson (1996) vermuten, dass das mit der für das intuitive Elternverhalten typischen übertriebenen Art und Weise zusammenhängt. Unbewusst *markieren* Eltern durch die Übertreibung und den spielerischen Umgang das, was sie spiegeln, und machen es dadurch von ihren eigenen Gefühlen unterscheidbar. Das Kind – so Gergelys & Watsons Annahme – lernt so, dass das, was übertrieben dargestellt und variiert wird, eine Spiegelung seiner eigenen Gemütsverfassung ist, während Eltern dann, wenn sie etwas Eigenes ausdrücken, »normal« sprechen und dem auch Konsequenzen folgen lassen.

Über wiederkehrende Interaktionen dieser Art lernt sich Paulina mit der Zeit immer besser kennen. Wenn sie ihre neu erworbenen Erkenntnisse über sich in Worte fassen könnte, würde sie nach dem Schlafen vielleicht sagen:

»Eben, als ich so quengelig war, hab ich mich gar nicht gut gefühlt. Papa hat mich dann ein bisschen betrübt angeschaut. Aber das braucht mich nicht zu beunruhigen, denn wenn Papa selbst betrübt ist, sieht er anders aus. Jetzt tut er nur so, und daher weiß ich, dass er mich nachahmt und mir damit zeigt, was mit mir los ist. Ich bin also ein bisschen betrübt. Warum eigentlich? Papa hat gesagt, ich bin müde. Ach, so fühlt sich das an. Aber ob das wohl stimmt? War ich wirklich müde? Ja, denn Papa hat mich dann ins Bettchen gelegt, und ich habe geschlafen, und danach habe ich mich anders gefühlt, ange-

nehmer. Das scheint irgendwie mit dem Schlafen zu tun zu haben. Aha, ich muss schlafen, wenn es mir so geht wie eben, und dann ist alles gut.«

So lernen Kinder auch ihre anderen Befindlichkeiten und Gefühle wie Freude, Ärger, Traurigkeit nach und nach besser kennen und können sie steuern.

Vorübergehende Missverständnisse sind die Regel

Selbstverständlich machen Eltern auch Interpretationsfehler. Wenn sie merken, dass sie ihr Kind missverstanden haben, formulieren sie neue Vermutungen und überprüfen diese. So nähern sie sich langsam einem »richtigen« Verständnis der kindlichen Botschaften an.

Wie Tronick & Cohn (1989) herausgefunden haben, besteht ein großer Teil des täglichen Austausches zwischen Eltern und Babys aus solchen kleinen Missverständnissen und Konflikten. Im Zusammenhang mit Entwicklungsschüben treten sie besonders in den Vordergrund. Sie richten keinen Schaden an. Im Gegenteil: Wenn sie nicht überhandnehmen und immer wieder ausgeräumt werden, vermitteln sie dem Kind langfristig eine Fülle selbstregulativer Fähigkeiten und interaktiver Problemlösestrategien.

Was passiert, wenn es längerfristig nicht gelingt, Missverständnisse auszuräumen und zu einem harmonischen Miteinander zurückzufinden? Wenn Herr B. auf das Quengeln seiner Tochter beispielsweise überwiegend ungehalten reagieren und so etwas denken oder sagen würde wie: »*Es ist ja nicht zum Aushalten. Ich richte mich den ganzen Tag nach dir und versuche, dir alles recht zu machen, und du bist immer unzufrieden.*« Auf S. 56 ff. werde ich näher auf solche Fehlinterpretationen eingehen.

Babys speichern Beziehungserfahrungen

Kinder verhalten sich von Geburt an wie Forscher (Pauen 2006). Sie führen laufend kleine »Untersuchungen« durch und tasten ihre Erfahrungen nach Ursache-Wirkungs-Mustern ab, um festzustellen, welche Folgen Handlungen nach sich ziehen. Ein Experiment von Rovee-Collier & Bhatt (1995) soll dies verdeutlichen. Die Wissenschaftler befestigten ein Band, das mit einem Mobile verbunden war, am Fuß achtwöchiger Kinder. Diese machten die Erfahrung, das Mobile durch ihr Strampeln in Bewegung versetzen zu können. Nach kurzer Zeit bewegten sie überzufällig häufig das Bein mit dem Band. Das Experiment verdeutlicht, *dass es Babys große Freude macht, wenn sie entdecken, dass ihr Verhalten vorhersagbare Konsequenzen hat und sie »die Welt« beeinflussen können.* Ist das nicht so, werden sie lustlos und verlieren das Interesse.

Das »Forschungsinteresse« des Kindes ist natürlich besonders auf das Verhalten der Eltern gerichtet: Wie reagieren sie, wenn es weint, sich freut, Hunger hat oder müde ist? Welche Gefühle sind dabei im Spiel? Wenn es sprechen könnte, wäre ein Baby schon sehr früh in der Lage, über solche Fragen Auskunft zu geben, da es seine täglich wiederkehrenden Erfahrungen in seinem Gedächtnis speichert.

Wie lange können sich Babys erinnern?

Zeigt man achtwöchigen Kindern am Tag nach dem oben erwähnten Experiment erneut das Mobile, erinnern sie sich noch, wie es in Bewegung zu setzen ist. Drei Monate alte Babys können sich noch drei bis vier Tage später, sechs Monate alte noch etwa zwei Wochen später daran erinnern.

In vergleichbarer Weise *merken sich Kinder auch, wie ihre Eltern mit ihnen umgehen.* Nach Stern (1992) speichern sie dabei keine isolierten Einzelheiten, sondern zusammenhängende Erfahrungen, so genannte Episoden. Bezogen auf das Einschlafen kann man sich das folgendermaßen vorstellen: Ein Baby wird müde. Seine

Mutter legt es an die Brust und lässt es dort einschlafen. Diesen gesamten Vorgang mit allen dazugehörigen Empfindungen und Erfahrungen speichert das Kind zunächst als *spezifische* »An-der-Brust-Einschlaf-Episode«. Wiederholt sich diese Erfahrung, wird es daraus eine *generalisierte* »An-der-Brust-Einschlaf-Episode« entwickeln. Hierbei handelt es sich nicht mehr um eine Erinnerung an *eine* bestimmte Situation, sondern um eine Erwartung darüber, wie das Einschlafen üblicherweise vonstattengeht. Bringen Eltern ihrem Baby bei, allein im Bettchen einzuschlafen, wird es in seinem Gedächtnis nach kurzer Zeit eine generalisierte »Alleine-Einschlaf-Episode« abbilden und diese in Zukunft erwarten. Auf diese Weise speichern und erwarten Kinder zunehmend auch alle anderen Erfahrungen, die sie machen, so etwa, wie sie gefüttert oder beruhigt werden. Nur wenige (möglicherweise nur zwei) wiederholte Erfahrungen der gleichen Art reichen aus, um eine Erwartung darüber auszulösen, welchen Verlauf Dinge nehmen.

Das frühkindliche Gedächtnis ist stark auf Hinweisreize angewiesen. Erinnerungen werden demnach erst aktiviert, wenn Kinder mit Aspekten der ursprünglichen Situation konfrontiert werden. Babys könnten also nicht im Voraus beschreiben, wie sie einschlafen. Aber in der konkreten Situation, wenn entsprechende Hinweisreize gegeben sind, »wissen« sie, wie es vermutlich weitergehen wird, nämlich so wie bei den Malen davor.

Babys mögen nicht, wenn sich Dinge anders entwickeln, als sie es kennen. Verhalten sich Eltern anders, als erwartet, reagieren kleine Kinder häufig mit Quengeln oder Schreien. Nur wenige konsequente Erfahrungen der neuen Art reichen jedoch in der Regel aus, um die alten Erwartungen zu »überschreiben«, und es kehrt Ruhe ein.

Wenn Sie Ihrem Baby in verlässlicher Weise gleich bleibende Erfahrungen über die Abläufe des täglichen Lebens, beispielsweise über das Schlafen und Trinken, vermitteln, wird es diese speichern und in Zukunft erwarten. Dies wird mit hoher Wahrscheinlichkeit zu einer einigermaßen entspannten Routine mit dem Baby führen und zu seiner und Ihrer Zufriedenheit beitragen.

2

Schlafen, Spielen, Trinken, Bewegung: Das Baby lernt, sich zu regulieren

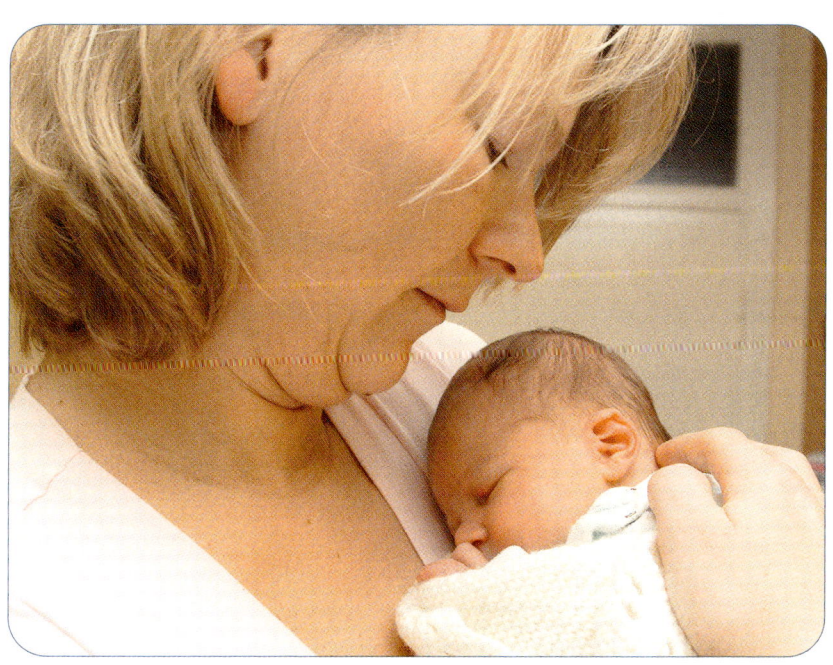

Man kann dem Lebenslauf verschiedene Entwicklungsaufgaben zuordnen. In den ersten drei bis vier Lebensmonaten kommt der Selbstregulation erstmals eine entscheidende Bedeutung zu. Selbstverständlich ist das Baby nicht allein dazu in der Lage; es braucht die Unterstützung seiner Bezugspersonen.

Selbstregulation: Was ist damit gemeint?
Erinnern wir uns an die Situation im Mutterleib. In den letzten Schwangerschaftswochen befindet sich das ungeborene Kind in einer gebeugten Körperhaltung, mit angewinkelten Armen und Beinen und einem zur Brust geneigten Kopf. Es hat dort nicht viel Platz und wird in seinen Bewegungen durch die Gebärmutter begrenzt. Die Temperatur ist konstant, so dass es weder friert noch schwitzt. Wenn die Entwicklung normal verläuft, hat es auch keinen Hunger, da es durch die Nabelschnur optimal ernährt wird. Ab der 36. Schwangerschaftswoche entwickelt es bereits klare Schlaf- und Wachphasen und gleitet problemlos von einem dieser Zustände in den anderen und zurück. Wachsein und Schlafen folgen jedoch noch keinem Tag-Nacht-Rhythmus. Der Fötus schläft während des Tages etwa gleich häufig wie in der Nacht. Durch die Geburt wird dieser im Fall einer normalen Schwangerschaft wunderbare – vielleicht sogar paradiesisch zu nennende – Zustand beendet. Plötzlich ist alles anders:

▶ Das Neugeborene wird körperlich von der Mutter getrennt, muss selbständig atmen und seine Körpertemperatur regulieren.

▶ Es befindet sich nicht mehr in einem eng begrenzten Raum, in dem es die Grenzen spürt und sein Körper in der zusammengekauerten (fötalen) Position gehalten wird. Es hat noch keine ausreichende Kontrolle über seine Bewegungsabläufe, und sein Körper neigt zu Spontanbewegungen (s. S. 37 f.).

▶ Die Milch ist nicht immer sofort verfügbar, um den Hunger zu stillen. In manchen Fällen ist zu wenig Milch da, in anderen zu viel. Verdauungsprozesse müssen sich erst einspielen.

► Das Baby ist müde, findet aber nicht zur Ruhe oder wacht nach kurzer Zeit wieder unausgeschlafen auf.

► Die Eltern sprechen mit ihm, lächeln es an, wickeln, füttern es. Dann kommt Besuch, und der möchte es auch mal auf den Arm nehmen und mit ihm reden. Das Telefon klingelt, der Fernseher läuft …

Babys werden also mit inneren und äußeren Reizen unterschiedlicher Art und Intensität konfrontiert und müssen sich damit auseinandersetzen. Irrtümlicherweise denken viele Eltern, dass ihr Kind problemlos damit fertig werden kann. Dies ist nicht der Fall. *Eine wichtige erste Entwicklungsaufgabe des Babys besteht somit darin, mit diesen vielen Schwierigkeiten und Anforderungen fertig zu werden und sich selbst regulieren zu lernen.* Dabei spielen sowohl Reifungsvorgänge als auch Lernprozesse eine Rolle. Babys mit gesundheitlichen Beeinträchtigungen, z. B. kranke oder frühgeborene, können besonders große Schwierigkeiten haben, sich zu regulieren; sie brauchen mehr Unterstützung und gegebenenfalls zusätzliche Hilfen.

Folgende selbstregulative Teilbereiche sind in den ersten drei bis vier Monaten von besonderer Bedeutung:

► »gut« zu schlafen und »gut« wach zu sein (Schlaf-wach-Regulation);

► eine ausreichende Mahlzeit zu sich zu nehmen, die für einige Stunden sättigt (Regulation der Nahrungsaufnahme);

► die Körperbewegungen besser koordinieren zu können (motorische Regulation).

Diese drei Bereiche sollen im Folgenden näher beschrieben werden.

Schlaf-wach-Regulation

Das Leben ist biologisch in einen sich alle 24 Stunden wiederholenden Rhythmus verschiedener Schlaf- und Wachphasen strukturiert (Brazelton 1995):

- ▶ ruhiger Schlaf
- ▶ aktiver Schlaf
- ▶ Halbschlaf (Schläfrigkeit)
- ▶ aufmerksamer Wachzustand
- ▶ quengeliger Wachzustand
- ▶ Schreien

Man spricht in diesem Zusammenhang auch von den *sechs Verhaltenszuständen des Babys*. Ab Seite 90 werden sie näher beschrieben.

Robuste Kinder haben klare Verhaltenszustände. Im Wachzustand sind sie überwiegend positiver Stimmung. Sind sie müde, finden sie relativ problemlos in den Schlaf und können über mehrere Stunden hinweg schlafen. Der Übergang von einem Verhaltenszustand zum anderen verläuft fließend. Diese Kinder machen es ihren Eltern leicht, sie zu verstehen und zufrieden zu stellen.

Schreibabys haben weniger deutliche und stabile Verhaltenszustände. Es fällt ihnen schwerer, gut zu schlafen, und ihr Schlaf scheint (insbesondere tagsüber) überwiegend aus kurzen Nickerchen zu bestehen. Anstatt im Wachzustand aufmerksam und interaktionsbereit zu sein, sind sie – häufig aufgrund von Müdigkeit – nörgelig und schreien. Typisch ist auch der abrupte Wechsel ihrer Verhaltenszustände. Sie neigen dazu, nach dem Aufwachen sofort loszuschreien. Häufig erscheinen sie in einer Minute noch gut gelaunt und weinen in der nächsten.

Der kindliche Schlaf

Die Gesamtschlafdauer in 24 Stunden reduziert sich von ungefähr 16–18 Stunden (in 24 Std.) bei Neugeborenen auf 14–15 Stunden bei drei- bis viermonatigen Säuglingen und beträgt bei einjährigen

Kindern immer noch etwa 13–14 Stunden. Dies sind jedoch nur Durchschnittswerte. Wichtig ist das individuelle Schlafbedürfnis. Macht Ihr Baby einen überwiegend zufriedenen und ausgeglichenen Eindruck, reicht seine Schlafmenge vermutlich aus. Quengelt oder schreit es übermäßig viel, ist dies möglicherweise nicht der Fall.

Die Reduzierung der Gesamtschlafzeit im ersten Lebensjahr hängt im Wesentlichen damit zusammen, dass Kinder tagsüber zunehmend weniger schlafen, während die Dauer des Nachtschlafes relativ konstant bleibt.

In den ersten Lebenswochen wechseln sich Schlaf- und Wachphasen alle drei bis vier Stunden ab und sind noch unsystematisch über Tag und Nacht verteilt. Dann beginnt sich das Baby auf einen *Tag-Nacht-Rhythmus* einzustellen. Die Schlafphasen verlängern sich, und die längeren werden immer mehr in die Nacht verlegt.

Zur groben Orientierung über das durchschnittliche Schlafverhalten im ersten Lebensjahr sei auf die Ergebnisse der Studie von Michelsson et al. (1990) hingewiesen.

	0–2 Monate	**3–5 Monate**	**6–8 Monate**	**9–12 Monate**
Gesamtschlafzeit	15 Stunden	14 Stunden	13–14 Stunden	13–14 Stunden
Längste Schlafphase mindestens 6 Stunden	35% der Babys	50% der Babys	58% der Babys	72% der Babys
Längste Schlafphase mindestens 8 Stunden	13%	29%	37%	56%
Einmaliges nächtliches Erwachen zwischen 23 und 6 Uhr	46%	33%	26%	17%
Mehrmaliges nächtliches Erwachen zwischen 23 und 6 Uhr	44%	38%	43%	30%
Anzahl der Tagesschläfchen	3 – 4	3 – 4	2 – 3	2 – 3

Michelsson, et al. (1990)

Der Schlaf ist kein einheitlicher Zustand. Er besteht aus zwei Schlafstadien: dem aktiven Schlaf, auch REM-Schlaf genannt (**REM** ist die Abkürzung für »**R**apid **E**ye **M**ovements« = schnelle Augenbewegungen) und dem ruhigem Non-REM-Schlaf. Eine nähere Beschreibung finden Sie auf Seite 66.

Frühgeborene verbringen etwa 80% ihrer Schlafenszeit im aktiven Schlaf, voll ausgetragene Neugeborene 50%. Bis zum Ende des ersten Lebensjahres sinkt der Anteil des aktiven Schlafs auf 30% und beträgt im Erwachsenenalter nur noch 20%. Man vermutet, dass die anfängliche Dominanz des aktiven Schlafs eine Bedeutung für das Wachstum und die Differenzierung des Gehirns hat.

Aktiver Schlaf, ruhiger Schlaf und Wachsein wechseln sich ab. Beim Einschlafen gelangt das Baby zunächst in einen halbwachen Zustand von Schläfrigkeit, in dem seine Wahrnehmungsfähigkeit schwächer wird. Dabei können Arme und Beine plötzlich ruckartige Bewegungen machen, die es wecken. Manchmal döst es wieder ein und schreckt wenige Minuten später erneut hoch. Dies kann sich mehrmals wiederholen. Anders als ältere Kinder und Erwachsene sinkt es dann in den ersten Lebensmonaten zunächst in den aktiven Schlaf. Auch jetzt kann es nach kurzer Zeit wieder aufwachen, da es in diesem Zustand durch Berührungen, laute Geräusche usw. noch leicht störbar ist. Schließlich gelangt es in den ruhigen Schlaf. In diesem Zustand ist es für Außenreize relativ unzugänglich. Es verbleibt dort eine Weile und steigt dann wieder in den aktiven Schlaf auf. Danach ist es einige Minuten wach und sinkt erneut in die unterschiedlichen Tiefen des Schlafes ab. Beim Säugling dauert ein solcher Schlafzyklus in Abhängigkeit vom Alter ca. 40–60 Minuten, beim Erwachsenen etwa 90 Minuten.

Ein junges Baby schläft also nicht mehrere Stunden »in einem Rutsch« durch, sondern ist in kurzen Abständen immer wieder wach. Vielen gelingt es, ohne fremde Hilfe weiterzuschlafen. Andere können das nicht und fangen an zu weinen.

> ### *Merkmale einer guten Regulation*
> ### *des kindlichen Schlafs*
>
> Gut regulierte Babys entwickeln einen Tag-Nacht-Rhythmus,
> bei dem die hauptsächlichen Wachzeiten am Tag liegen und
> der überwiegenden Teil des Schlafes nachts stattfindet. Wei-
> ter gehört dazu, dass sie relativ problemlos in den Schlaf fin-
> den, längere Zeit schlafen können und auch tagsüber regel-
> mäßige Schlafphasen haben. Um mehrere Stunden schlafen
> zu können, müssen bestimmte Reifungs- und Anpassungs-
> prozesse abgeschlossen sein. Darüber hinaus benötigen Kin-
> der Fähigkeiten, Reize auszuschalten und sich selbst wieder
> dem Schlaf zu überlassen, wenn sie kurz aufwachen. Sie tut
> dies, indem sie im Bettchen herumwühlen und eine neue
> Schlafposition einnehmen, am Daumen saugen, usw.

Das Baby ist wach und zufrieden

Längere Zeit gut gestimmt und aufnahmefähig (d. h. im *aufmerksamen Wachzustand*) zu sein setzt voraus, dass Babys

► ausreichend geschlafen haben;
► satt sind;
► so gehalten oder positioniert werden, dass ihr Körper stabil ist;
► in der Lage sind, sich an störende Reize (wie Geräusche, Unruhe oder helles Licht) zu gewöhnen und die Aufmerksamkeit auf
   einen »Gesprächspartner« oder andere Dinge zu fokussieren.

Im aufmerksamen Wachzustand sind Körper und Gesicht des Kindes relativ ruhig, und die Augen strahlen. Jetzt – und nur jetzt – ist
es aufnahmebereit für Zwiegespräche und erste Spiele. Eltern und
Babys lieben diese Zeiten gemeinsamer Nähe. Der bekannte Psychoanalytiker Kohut spricht in diesem Zusammenhang vom
»Glanz im Auge der Mutter«. Damit ist dieser besondere Blick gemeint, den Mütter – und natürlich auch Väter – haben, wenn sie
ihr Baby ansehen und ihm das Gefühl vermitteln, das schönste und

liebenswerteste aller Kinder zu sein. Das Baby sonnt sich in diesem Blick und reagiert darauf, indem es seine Eltern anlächelt und durch beglückte Laute zu verstehen gibt, dass es sich wohl fühlt. Dies entschädigt Eltern für die vielen schwierigen Tage und Nächte und »wärmt ihr Herz«. Sie werden ihrerseits nun wieder auf ihr Kind eingehen und zurücklächeln, ihm antworten und so fort.

Zeiten gemeinsamer Nähe im aufmerksamen Wachzustand sind kostbar, da sie so kurz und für die Beziehungsentwicklung so wichtig sind. Eltern von Schreibabys klagen häufig darüber, dass eine solche Nähe kaum entsteht, da das Kind immer unzufrieden ist. Sie haben das Gefühl, dass etwas Wichtiges fehlt, und sehnen sich nach solchen Gelegenheiten gemeinsamer Bezogenheit.

Bevorzugte Aktivitäten, wenn das Baby wach und zufrieden ist

Im aufmerksamen Wachzustand sind Kinder interaktionsbereit, können sich jedoch auch einen kurzen Moment mit sich selbst und ihrer Umgebung beschäftigen. Auf diese beiden Bereiche soll im Folgenden eingegangen werden.

Babys lieben Zwiegespräche und einfache Spiele

Kinder suchen von Geburt an einen emotionalen Austausch. Die folgende Fotosequenz zwischen B. (zwei Tage alt) und seinem Vater zeigt einen solchen frühen Kontakt.

Bei diesen Zwiegesprächen, die zunächst nur wenige Minuten dauern, geht es um die ersten innigen Dialoge, die Eltern und Babys überall auf der Welt mit Wonne führen. Dabei bringen Väter und Mütter ihr Kind in eine ihnen zugewandte Position und initiieren ein »Gespräch«, in dem einer auf den anderen antwortet.

Gefühlsmäßig »wissen« Eltern, dass es jungen Babys gefällt, wenn ihre Äußerungen aufgegriffen und in etwas übertriebener Weise nachgeahmt und variiert werden. Öffnet das Kind beispielsweise den Mund, neigen seine Eltern dazu, dies ebenfalls zu tun, vielleicht noch ein bisschen mehr, vielleicht werden sie dabei auch

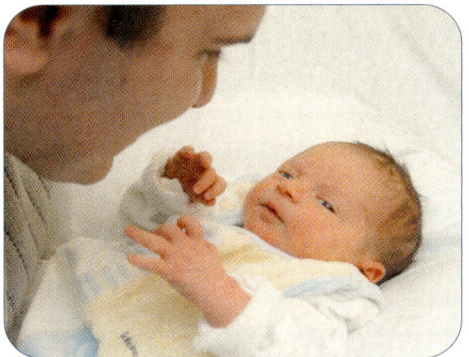

Berat-Ethem, 2 Tage alt, guckt zur Seite.

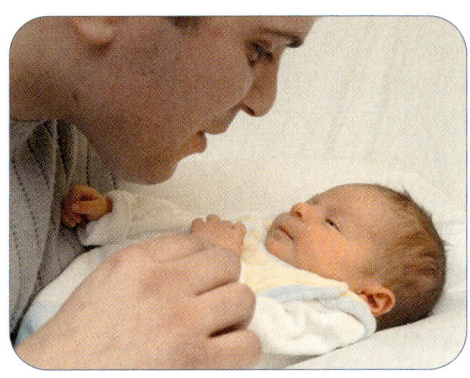

Der Vater gewinnt seine Aufmerksamkeit, indem er ihn zu sich dreht und seinen Arm begrenzt.

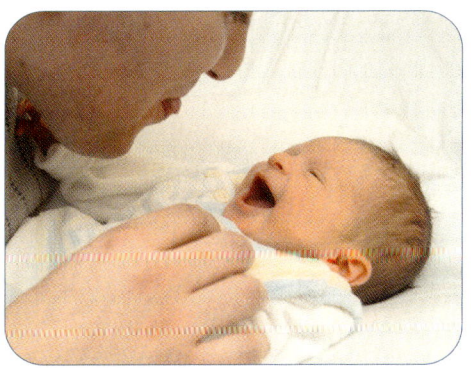

Berat-Ethem reagiert mit weit geöffnetem Mund auf die ausgestreckte Zunge seines Vaters

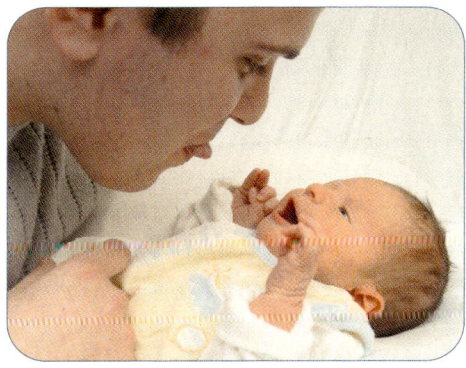

und wirkt ganz aufgeregt.

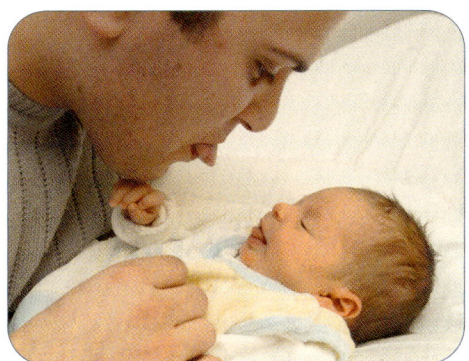

Jetzt imitiert er seinen Vater und streckt ebenfalls die Zunge raus.

Vater und Sohn freuen sich.

die Augen weit aufreißen und mit ihm in der Ammensprache sprechen. Im günstigen Fall wird das Baby anschließend darauf reagieren, ab dem Alter von zwei Monaten vermehrt auch mit Lauten, so dass sich die Kommunikationen wie musikalische Duette anhören können.

Solche Dialoge sind für Kinder jedoch nur interessant und lustvoll, wenn Eltern – und auch das tun sie intuitiv – ohne große Verzögerungen auf ihre Äußerungen eingehen. Nur dann können sie die elterliche Reaktion mit ihren eigenen Aktivitäten in Zusammenhang bringen und die Erfahrung machen, etwas zu bewirken.

Gegen Ende des dritten Monats entwickeln sich aus diesen Zwiegesprächen kleine Spiele mit einer sich wiederholenden Struktur und einem Höhepunkt, den das Kind erwartet und mit einem freudigen Lächeln begrüßt. Eltern stellen z. B. Blickkontakt her und beginnen dann langsam – die Augen immer weiter aufreißend – zu zählen, um bei drei den Kopf auf den Bauch des Kindes fallen zu lassen oder seine Nasenspitze zu berühren. »Kommt ein Schornsteinfeger die Treppe herauf, klopft an, bimmelbamm, guten Tag, Madam« ist eine etwas kompliziertere Variante. Die Attraktivität dieser Spiele liegt in der Mischung zwischen Bekanntem und Unvorhergesehenem. Würden sie immer in derselben Art und Weise gespielt, verlöre das Baby bald das Interesse. Eltern haben ein in-

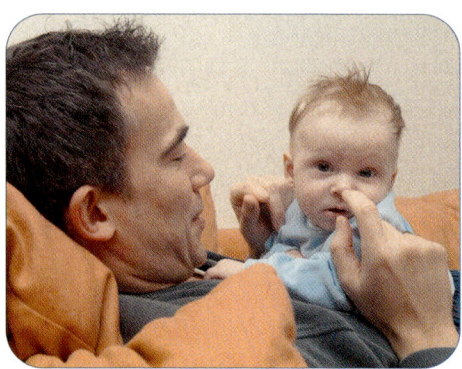

Linus, 14 Wochen, guckt zur Seite, und sein Vater wirbt um seine Aufmerksamkeit.

Linus wendet sich seinem Vater zu

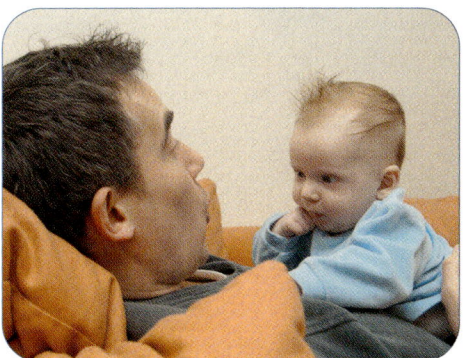

und denkt intensiv nach: Soll ich mit ihm spielen?

Die Antwort lautet: Ja.

Es geht los.

Uuuuiii – Linus fliegt weit weg,

kommt zurück

und landet wieder sicher bei Papa.

tuitives Wissen darüber und führen deshalb kleine Variationen und unvorhersehbare Elemente ein, um die bekannten Spiele immer aufs Neue überraschend zu gestalten. Die vorangehende Fotosequenz zeigt ein solches Spiel zwischen Linus und seinem Vater.

Nach dem dritten Lebensmonat entwickelt sich langsam das Greifvermögen, und Kinder können in weiterer Entfernung deutlicher sehen. Jetzt wird auch gemeinsames Spiel mit Spielzeug attraktiv. Viel Freude haben Babys in diesem Alter zum Beispiel an Gegenständen, die Geräusche von sich geben, wenn sie bewegt werden, besonders wenn sie diese selbst auslösen können.

Die Beschäftigung des Babys mit sich selbst und seiner Umgebung
Ein Baby kann nicht in ständigem Austausch mit anderen Menschen stehen, sei dieser noch so befriedigend. Es braucht auch Zeit und Muße für sich selbst. Dasselbe gilt für Eltern. Neueren Forschungsergebnissen zufolge ist es entwicklungspsychologisch am günstigsten, wenn ein ausgewogenes Verhältnis besteht zwischen Zeiten gemeinsamer Aktivitäten mit anderen und Zeiten, in denen das Baby sich selbst und seine gegenständliche Umgebung erkunden kann. Das heißt natürlich nicht, dass Sie Ihr waches, aufmerksames Kind allein in ein Zimmer legen. Vielmehr werden Sie ihm Gelegenheit geben, sich mit sich selbst zu beschäftigen, beispielsweise in Bauch- oder Rückenlage auf einer Decke liegend, während Sie in seiner Nähe eigenen Dingen nachgehen. Zur Anregung können Sie seine unmittelbare Umgebung visuell interessant gestalten, etwa mit Mobiles oder mit Alltagsgegenständen an einem Gestell, die häufig ausgetauscht werden, damit es immer etwas Neues zu betrachten gibt.

In den ersten Lebenswochen sind Kinder außer von Gesichtern sehr von Bildern mit einfachen, kontrastreichen Mustern fasziniert und schauen diese intensiv und ausgiebig an, wenn sie in ihrem Sichtfeld befestigt werden. Darüber hinaus entdecken sie mit acht bis zehn Wochen ihre eigene Stimme. Sie ist als »Spielzeug« immer verfügbar. Das Kind tut etwas (es gibt Laute von sich) und erlebt sofort den Effekt, weil es ja hört, was es mit seiner Stimme produziert.

Bei dieser Beschäftigung mit sich selbst sammelt das Baby Erfahrungen damit, wie es ist, eine vollständige

Linus beschäftigt sich gern mit dem Mobile.

Kontrolle über Geschehnisse zu haben. Wenn es beispielsweise seine Händchen betrachtet, unterliegt das vollständig seiner Kontrolle, etwa im Sinn von: Wenn ich die Hand hebe und so herum drehe, sehe ich die Handfläche, drehe ich sie andersherum, sehe ich den Hand-rücken, und das ist jedes Mal so.

Im Gegensatz dazu sind die Reaktionen anderer bei weitem nicht so kontrollierbar. Schaut das Baby beispielsweise Mama oder Papa an und lächelt, werden diese meistens darauf reagieren, aber nicht immer. Darüber hinaus wird ihre Reaktion variieren. Manchmal werden sie sagen: »Da geht aber die

Linus, 14 Wochen, betrachtet intensiv seine Hände.

Sonne auf, wenn du so lächelst, mein Süßer«, und sich mit ihm beschäftigen. Ein anderes Mal werden sie sagen: »Ich muss erst mal nach den Kartoffeln auf dem Herd sehen.« Über solche Unterscheidungen zwischen dem, was das Kind selbst hundertprozentig beeinflussen kann, und dem, was nicht seiner Kontrolle unterliegt, lernt es allmählich immer mehr, sich selbst von anderen zu unterscheiden. Darüber hinaus macht es über die Beschäftigung mit sich selbst Erfahrungen, die ihm bei der Aufgabe, das selbständige Einschlafen zu lernen, hilfreich sind (siehe Kapitel 4).

Winnicott (1965) spricht in diesem Zusammenhang *vom Alleinsein in Gegenwart eines anderen.* Wenn das Baby für eine Weile sich selbst überlassen bleibt, muss eine Bezugsperson anwesend sein. Aufgrund seiner Hilflosigkeit benötigt es jemanden, der bei Bedarf unterstützend (regulatorisch) eingreifen kann. So beispielsweise, wenn es allein vor seinem Mobile sitzt und die Sonne plötzlich blendet. Die anwesende Mutter würde das schnell feststellen und die Gardine zuziehen oder das Kind anders hinsetzen.

Regulation der Nahrungsaufnahme

Das Stillen oder Füttern ist kein rein körperlicher und schon gar kein mechanischer Vorgang. Das künftige Wohl des Kindes hängt auch

Merkmale einer guten Regulation der Nahrungsaufnahme

Das Baby nimmt in einem überschaubaren Zeitraum eine ausreichende Mahlzeit zu sich, die tagsüber für mindestens zwei bis drei Stunden sättigt, nachts etwas länger. Weniger gut regulierte Babys trinken dagegen häufig und dann nur jeweils ein paar Schlückchen. Oder sie verbringen überlange Zeiten an der Brust, so dass Mütter das Gefühl haben, ständig zu stillen.

Eltern entscheiden, ob ihr Kind die Brust oder die Flasche bekommt. Wenn das Kind gesund ist und gut gedeiht, entscheidet es, wie viel es trinkt. Das Ausüben von Druck und Zwang führt häufig zu Störungen (s. S. 83f.).

davon ab, ob die Eltern ihm mit dem Stillen oder Füttern zugleich die nötige Zuwendung geben. Mütter und Väter tun dies intuitiv. So wird das Stillen oder Füttern üblicherweise von einem emotionalen Austausch begleitet, der durch liebevolles Halten, wechselseitigen Blickkontakt und von weicher Stimme und Lautgebung gekennzeichnet ist. Beispielsweise sagt die Mutter so etwas wie: »Hast du aber einen großen Hunger, mein Kleiner. Ja …, mmh … schmeckt das gut …«, oder: »Ach, jetzt fallen dir schon wieder die kleinen Äuglein zu. Komm, mach mal ein Bäuerchen. Dann trinkst du vielleicht noch ein bisschen weiter, sonst hast du gleich wieder Hunger … Ja, so ist es gut.«

Motorische Regulation

»Wenn mein Kind schreit, macht es sich ganz steif und zieht mit dem Körper nach hinten.«

Zu Beginn des Lebens hat das Kind noch wenig Kontrolle über seine Körperbewegungen. So kann es seinen Kopf noch nicht allein halten. Bei plötzlichen Lageveränderungen oder wenn es sich, zum

Beispiel durch laute Geräusche, erschreckt, wird der *Moro-Reflex* ausgelöst. Dabei öffnet das Baby mit fächerförmig gestreckten Fingern ganz plötzlich die Arme und führt sie dann wieder vorn zusammen.

Alle Eltern kennen solche Reaktionen ihres Babys. Auch *Zitterreaktionen* der Ärmchen sind ihnen wohlvertraut. Sie sind Ausdruck von stärkerer Erregung, die sich auch in einer *Streckung* oder sogar *Überstreckung* des ganzen Körpers zeigen kann. Eltern beschreiben dies mit Worten wie: »Wenn mein Kind schreit, macht es sich ganz steif und zieht mit dem Körper nach hinten.« Es kann schwer für ein junges Baby sein, aus eigener Kraft wieder aus einer solchen Haltung herauszukommen und sich zu entspannen.

Dieses »Eigenleben« des Körpers kann das Baby irritieren. Wie soll es sich beispielsweise auf etwas konzentrieren, gut einschlafen oder trinken, wenn seine Arme plötzlich zitternd in die Luft schnellen oder sein Köpfchen nach hinten fällt? Würden wir nicht sofort zum Arzt gehen, wenn unser Körper sich so verhalten würde? Für ein Baby ist das normal, aber trotzdem störend.

Babys unterscheiden sich von Geburt an sehr, bezogen auf ihre motorische Reife. Manche sind im Muskeltonus besonders schlaff, andere angespannt. Wenn Ihnen in der Motorik Ihres Kindes etwas Sorge macht, ist Ihr Kinderarzt der beste Ansprechpartner.

Das »Handling« des Babys

Durch Ihr »Handling«, also die Art und Weise, wie Sie Ihr Kind halten, tragen oder hinlegen, können Sie ihm helfen, besser mit seiner körperlichen Unreife zurechtzukommen. Stabilisieren Sie sein Köpfchen beim Hochnehmen oder Ablegen, damit es nicht nach hinten fällt. Es gefällt ihm, wenn Sie es in leichter Seitenlage aus dem Liegen hochnehmen.

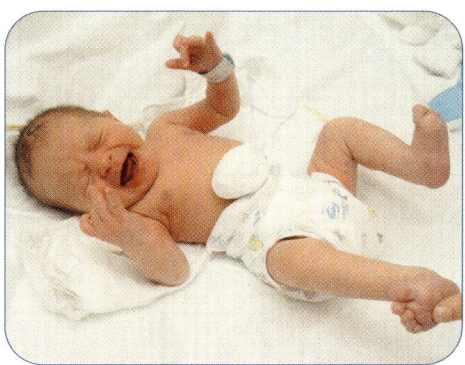

Der kleine Berat-Ethem, zwei Tage alt, schreit.

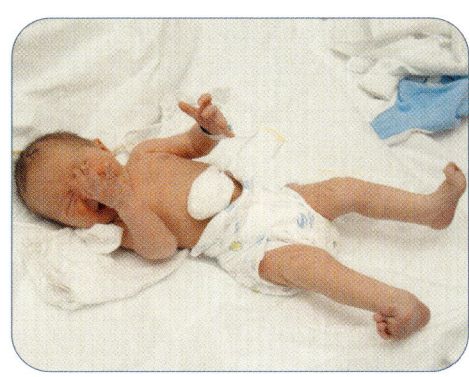

Seine Beinchen gehen in die Streckung. Er versucht, sich selbst zu beruhigen, indem er seine Hand an den Mund bringt.

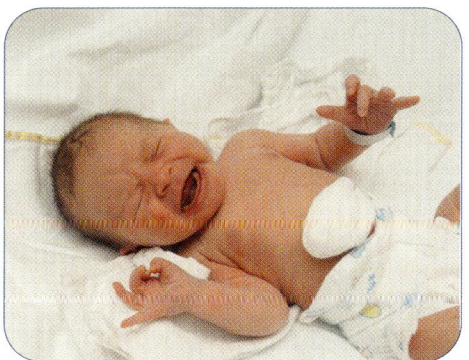

Aber er verliert sie.

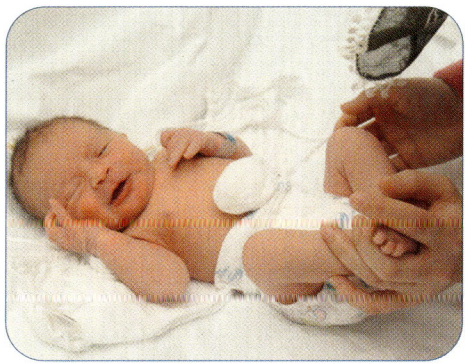

Die Mutter hilft, indem sie seine Füßchen hält und seine Hüfte beugt.

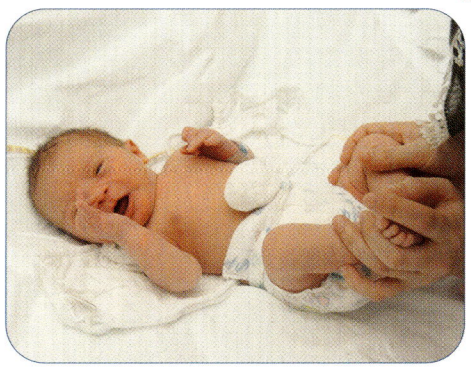

Er findet seine Hand wieder und wird ruhiger.

In der Beugehaltung fühlt sich das Baby am wohlsten
Wenn Babys schreien, rudern Arme und Beine umher, Beugung und Streckung wechseln sich ab. Oft ist ein Zittern der Arme zu beobachten. Sie können Ihrem weinenden Kind helfen, indem Sie es in eine gebeugte Position bringen und dort mit Ihren Händen oder einem Tuch (einer Decke) begrenzen. In gebeugter Haltung ist es seinen unwillkürlichen Bewegungen weniger ausgeliefert und kann sich besser entspannen.

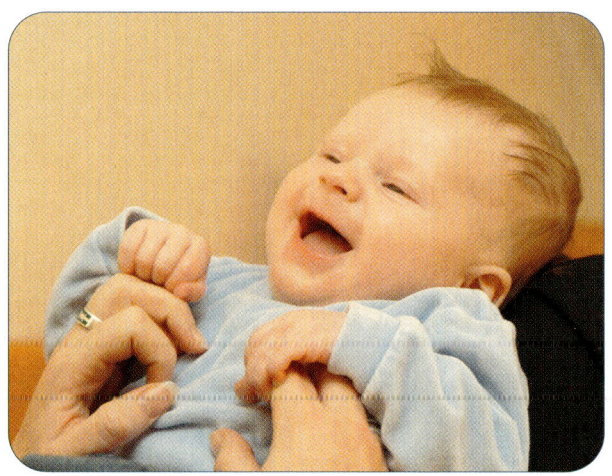

Linus im beglückenden Zwiegespräch mit seiner Mama.

Auch beglückende Zwiegespräche und Beschäftigungen mit sich selbst erfordern eine körperliche Stabilität. Ist diese nicht gewährleistet, kann sich das Baby nicht konzentrieren, da es die ganze Zeit damit beschäftigt ist, seinen Körper unter Kontrolle zu bekommen. Helfen Sie Ihrem Kind, indem Sie es in einer gebeugten Haltung positionieren.

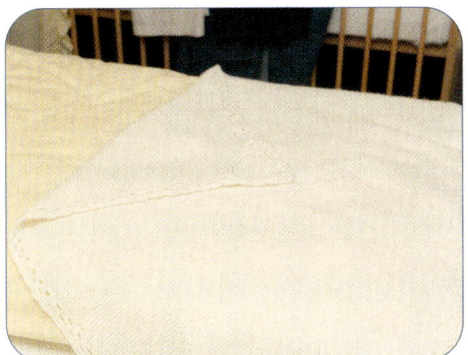
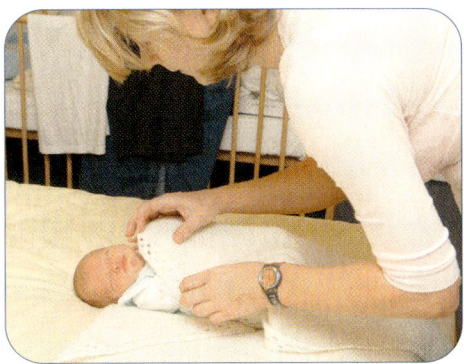
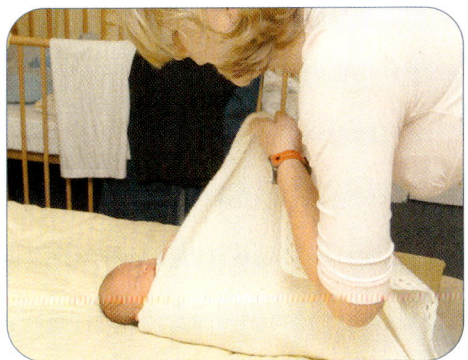
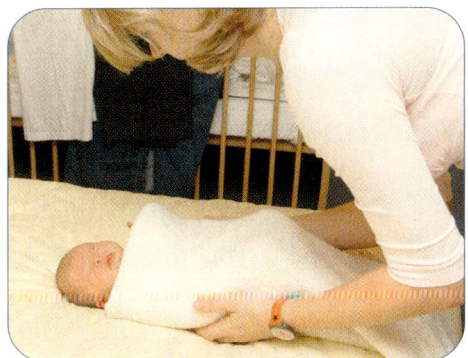
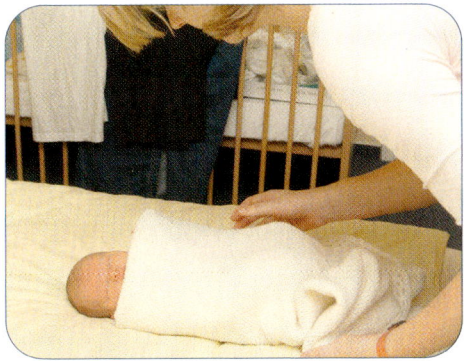

Verwenden Sie beim Einwickeln ein dünnes, möglichst leicht dehnbares Baumwolltuch und achten Sie darauf, dass Ihr Baby nicht zu warm angezogen ist. Wickeln Sie Ihr Baby fest ein, aber so, dass auf der Brust kein zu großer Druck entsteht.

Wickeln erleichtert das Schlafen

Babys schlafen besser in kleinen, sie eng umgrenzenden Bettchen oder wenn sie in eine Decke oder ein Tuch eingewickelt sind (Gerard et al. 2002), da ihre unwillkürlichen Körperbewegungen dadurch eingedämmt werden. Körperlicher Halt vermittelt ein Gefühl der Geborgenheit, vergleichbar vielleicht mit der Situation, die sie aus der Gebärmutter kennen, wo gegen Ende ja auch nicht mehr viel Raum war.

Das Einwickeln ist unbedenklich, wenn Sie es auf die ersten drei Lebensmonate beschränken und Folgendes beachten:

▸ Verwenden Sie ein dünnes, möglichst leicht dehnbares Baumwolltuch und achten Sie darauf, dass Ihr Baby nicht zu warm angezogen ist.

▸ Wickeln Sie Ihr Baby fest ein, aber so, dass auf der Brust kein zu großer Druck entsteht.

▸ Achten Sie darauf, dass die Bewegung der Beine ab dem Hüftbereich nicht übermäßig eingeschränkt wird.

Die Wirksamkeit des Einwickelns hängt auch von der Einstellung ab. Eltern, die strikt dagegen sind, können es nicht mit der nötigen Zuversicht anwenden. Das Baby wird auf ihr Unbehagen reagieren und nicht zur Ruhe kommen.

In der Beratung äußern Eltern manchmal folgenden Einwand: »Es muss doch furchtbar sein, so eng eingewickelt zu sein. Ich könnte so etwas nicht ertragen.« Aus ihrer Perspektive ist das verständlich, da sie als Erwachsene ihre Bewegungsabläufe selbst steuern können. Ein Baby kann das nicht. Von daher könnte es ihm, wenn es sehr unruhig ist, in den ersten zwei bis drei Lebensmonaten sehr helfen, wenn seine unwillkürlichen Bewegungen durch ein Tuch eingedämmt würden.

Die selbstregulativen Fähigkeiten des Babys

Kinder werden mit Verhaltensweisen geboren, die es ihnen in (sehr) begrenztem Umfang gestatten, sich selbst zu regulieren und zu beruhigen (Brazelton 1995). Dazu gehören:

▶ *die Fähigkeit, sich an störende Reize zu gewöhnen und sie aus-zuschalten (Habituation)*
Babys verfügen über einen angeborenen Schutzmechanismus, sich gegen zu starke äußere Reize abzuschirmen. Dieser Mechanismus (»Habituation«) hilft ihnen, mit Anforderungen fertig zu werden, die ihr unreifes Nervensystem überwältigen würden. Konfrontiert man schlafende Neugeborene beispielsweise mehrmals nacheinander mit einer hellen Lichtquelle, einem Geräusch oder einer Berührung, erschrecken sie beim ersten Mal, und die Atmung verändert sich. Wiederholt man diese Reize, reagieren sie zunehmend schwächer und nach einiger Zeit gar nicht mehr. *Neugeborene unterscheiden sich hinsichtlich ihrer Erregbarkeit sowie ihrer Fähigkeit, störende Reize auszuschalten.* Behinderte oder unreife Neugeborene sind eher zu

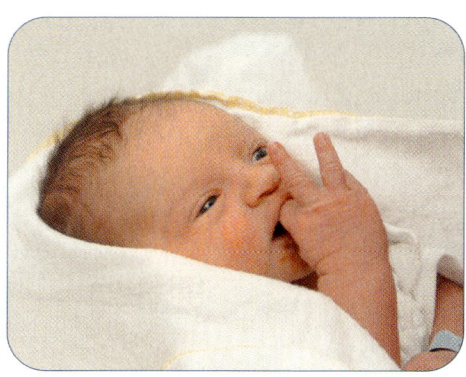

Berat-Ethem saugt an seinen Fingern und kann sich so selbst beruhigen.

Calotta, 6 Wochen alt, beruhigt sich mit glasigem Blick und »Trockensaugen«.

irritieren und können Reize weniger gut ignorieren. Eltern beschreiben solche Kinder folgendermaßen: »Mein Sohn schreckt beim kleinsten Geräusch zusammen und schreit. Wir laufen deshalb nur auf Zehenspitzen umher und verhalten uns ganz ruhig.« Dagegen sagen Eltern von Neugeborenen mit guten Habituationsfähigkeiten: »Unruhe stört unser Kind nicht. Auch wenn es laut ist, schläft es.«

▶ *die Fähigkeit, sich (in Ansätzen) selbst zu beruhigen*
Schon junge Babys verfügen über Fähigkeiten, sich selbst zu beruhigen, wenn sie unruhig sind oder schreien:
– Sie führen die Hand an den Mund bzw. saugen an den Fingern oder an der Faust.
 – Sie machen Saugbewegungen, ohne etwas im Mund zu haben (Trockensaugen).
 – Sie wühlen im Bettchen, um eine bequeme Position zu finden. Nach einigen Monaten beruhigen sie sich über monotone Bewegungen oder Geräusche (wie Lallen), oder sie verwenden ihre Lieblingstücher oder Stofftiere.

Es ist anrührend, zu beobachten, wie schon Neugeborene, wenn man nicht sofort eingreift, danach trachten, sich selbst zu beruhigen (siehe unten). Häufig gelingt es ihnen zunächst nur für einige Sekunden, und ihr zuvor motorisch unruhiger Körper liegt plötzlich ganz still da, während sie an ihren Fingern saugen oder auf eine Lichtquelle starren. In den ersten Lebenswochen hält dieser Zustand meist nicht lange an, und sie beginnen erneut zu quengeln. Manchmal gelingt es ihnen jedoch ein weiteres Mal, sich zu beruhigen. So dehnen sie ihre selbstregulativen Fähigkeiten mit der Zeit immer weiter aus. Dies setzt natürlich Eltern voraus, die mit ihren Hilfestellungen etwas abwarten, um ihrem Kind zunächst die Möglichkeit zu geben, allein zurechtzukommen.

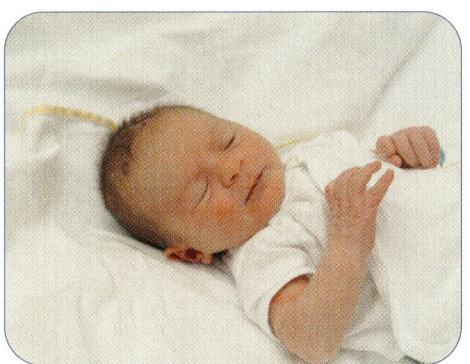

Berat-Ethem, zwei Tage alt, liegt ruhig da.

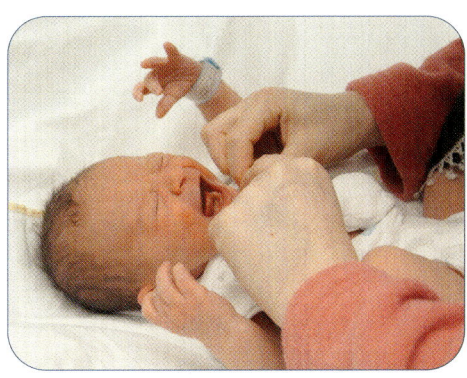

Die Mutter zieht ihn aus. Er beginnt zu weinen, und die Ärmchen schießen nach oben.

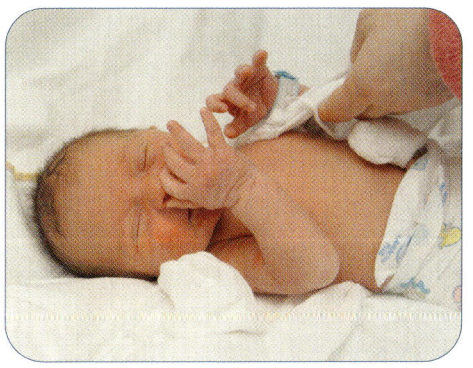

Er findet seine Hand und beruhigt sich.

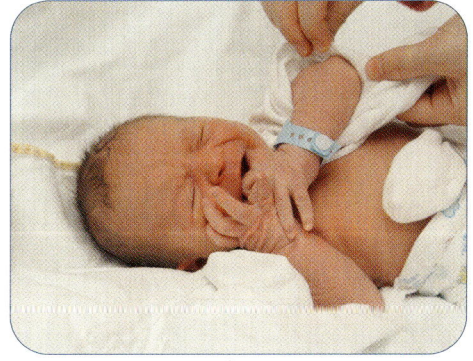

Aber das Ausziehen geht weiter, und Berat-Ethem fängt wieder an zu weinen.

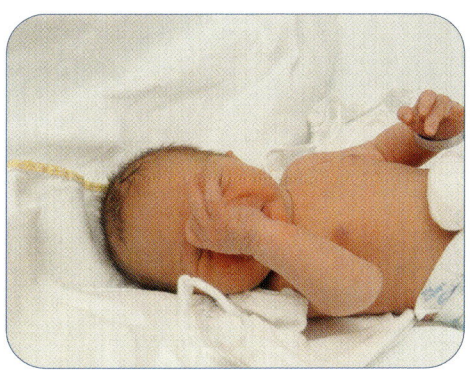

Endlich Ruhe. Das Händchen hilft.

Wie Eltern die kindliche Selbstregulation fördern können

Von Geburt an sind Babys bemüht, sich selbst zu regulieren. Manche brauchen viel elterliche Unterstützung, andere weniger, aber kein Kind ist dazu allein in der Lage. Als Pendant zur beschriebenen ersten Entwicklungsaufgabe des Kindes besteht die elterliche Funktion nun darin, das Baby in den genannten Regulationsbereichen zu unterstützen und seine selbstregulativen Fähigkeiten zu fördern.

Manchen Eltern fällt dies schwer, weil es eine Trennung beinhaltet. Während der Schwangerschaft sind Mutter und Kind eng miteinander verbunden. Die Geburt leitet die, zumindest körperliche, Trennung ein. Sie ist der Beginn einer Autonomiebewegung, die für das Kind im günstigen Fall in ein eigenes, von den Eltern unabhängiges Leben mündet. Dies ist jedoch ein langer Weg, der für alle Beteiligten mit vielen Höhen und Tiefen einhergeht. Margaret Mahler (1975) formuliert diesen Sachverhalt sehr prägnant, wenn sie von einer biologischen Geburt zu Beginn des Lebens und einer später erfolgenden psychischen Geburt spricht. Da es ein schönes Gefühl ist, eng mit einem kleinen Wesen verbunden zu sein, neigen Mütter dazu, diesen »ungetrennten« Zustand nachgeburtlich noch eine Weile aufrechtzuerhalten und dem Kind alles abzunehmen. So hinkt die psychische Trennung der körperlichen häufig ein wenig hinterher.

»Es ist schön, wenn sich mein kleines Baby in meine Arme schmiegt und dort zur Ruhe kommt. Das müsste ich aufgeben, wenn ich es allein in seinem Bettchen einschlafen ließe.«

»Ich konnte noch nie gut alleine sein. Jetzt, wo ich mein Kind habe und es mit mir im Bett schläft, habe ich endlich immer jemanden bei mir.«

»Als sich Katharina abstillte, fühlte es sich an, als hätte sie mich verlassen.«

Altersangemessene Versagungen sind entwicklungsfördernd

In den ersten Tagen und Wochen nach der Geburt versuchen die meisten Eltern, den kindlichen Bedürfnissen möglichst sofort entgegenzukommen. Mit der Zeit reagieren sie jedoch verzögert, indem sie ihr Baby einen Moment warten lassen, weil sie gerade mit etwas anderem beschäftigt sind. Oder sie tragen es nicht mehr umher, wenn es müde ist, sondern gewöhnen es an das eigene Bettchen.

Wir wissen heute, dass kleine Versagungen dieser Art förderlich sind, da sie seelische und geistige Entwicklung erst in Gang setzen. Stellen Sie sich vor, dem Kind würden alle Wünsche erfüllt, wenn es nur den geringsten Laut von sich gibt. Wenn es Hunger hat, schreit es, und die Brust oder Flasche kommt sofort. Wenn es aus Müdigkeit quengelt, wird es unverzüglich so lange umhergetragen, bis es in den Schlaf findet. Wenn es nichts tut, kommt sofort jemand und spielt mit ihm. Ein solches Baby müsste nicht lernen, zu vermitteln, was es möchte. Würde es nicht davon ausgehen, dass Wünsche und Gedanken allein – sozusagen auf magischem Wege – zu einer Bedürfnisbefriedigung führen? Würde es nicht der Illusion erliegen, in einem Paradies zu leben, wo keine eigenen Anstrengungen erforderlich sind? Ein solches Kind müsste sich keine »Gedanken« darüber machen, wie die »Welt« funktioniert. Es müsste sich nicht damit auseinandersetzen, wie es Dinge beeinflussen und erreichen kann. Es müsste sich nicht mit den eigenen Unzulänglichkeiten beschäftigen und mit dem Gefühl der Abhängigkeit von anderen. Und wenn es sich Themen dieser Art nicht stellen muss, besteht keine innere Notwendigkeit, sich über das Suchen von Lösungsmöglichkeiten geistig und psychisch weiterzuentwickeln.

Entwicklung entsteht aus einer Frage, einem Bedürfnis oder einer zu bewältigenden Aufgabe. Sie wird angestoßen durch eine »Lücke« zwischen dem, was ist, und dem, was man gerne hätte – ohne »Lücke«, keine Weiterentwicklung. Allerdings darf die »Lücke« nicht zu groß sein. Das heißt, sie darf die Fähigkeiten nicht überfordern. *Je jünger ein Kind, desto mehr Hilfe und Unterstützung braucht es.*

Jeder Entwicklungsschritt beinhaltet eine solche emotionale »Mini«-Trennung, denn wenn das Kind selbst in den Schlaf findet oder sich abstillt, zeigt es seinen Eltern, dass es sie in diesem Bereich nicht mehr braucht.

Bin ich eine schlechte Mutter bzw. ein schlechter Vater, wenn ich meinem Baby nicht alles abnehme?

Manche Eltern fühlen sich unzulänglich oder gar »schlecht«, wenn sie ihrem Kind nicht alles abnehmen, sondern früh seine selbstregulativen Fähigkeiten fördern.

»Wenn ich Jonas allein in der Wiege liegen und quengeln sehe, fühle ich mich richtig schlecht, wenn ich ihn nicht sofort hochnehme und auf meinem Arm einschlafen lasse.«

Kinder brauchen Eltern, die sie unterstützen, die ihrem entwicklungspsychologischen Alter entsprechenden Aufgaben zu meistern, ohne sie zu über- oder unterfordern. Wenn Sie die selbstregulativen Fähigkeiten Ihres Babys nicht unterstützen, verkümmern sie. Warum sollte Ihr müdes Kind beispielsweise versuchen, sich selbst im Bettchen zu beruhigen, wenn Sie es immer sofort hochnehmen und auf dem Arm oder an der Brust einschlafen lassen?

3

Das schreiende Baby

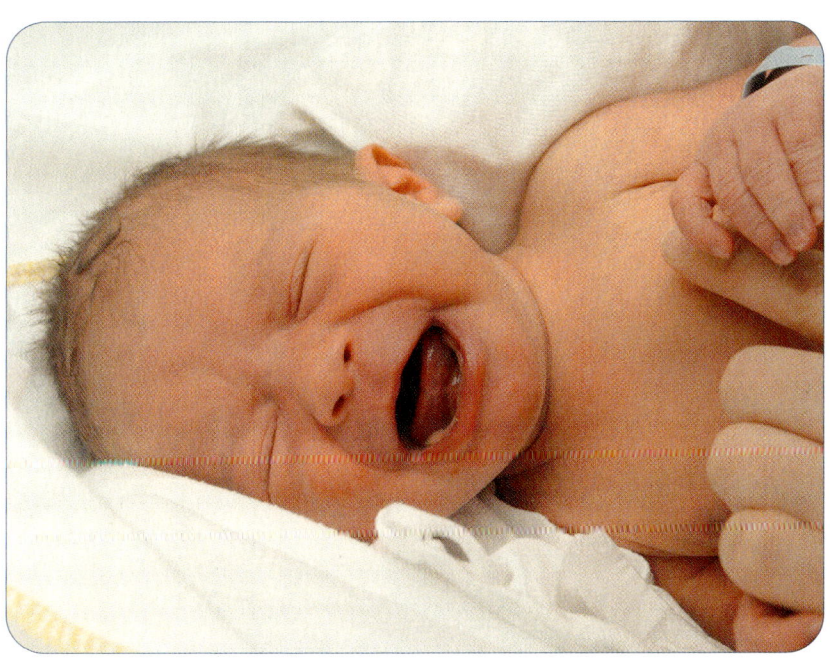

Alle Babys schreien, um mitzuteilen, dass sie sich nicht wohl fühlen. Da sie hilflos und vollständig auf die Fürsorge anderer angewiesen sind, hat die Natur es so eingerichtet, dass die Bezugspersonen sofort darauf reagieren. Das »normale« Schreien ist also nichts Negatives, sondern Ausdruck von Vitalität. Über die Aktivierung seiner Bezugspersonen sichert das Kind sein Überleben und die Befriedigung seiner Bedürfnisse.

Manche Babys schreien jedoch extrem viel. Man spricht in diesem Zusammenhang von »Drei-Monats-Koliken«. Neueren Erkenntnissen zufolge ist das jedoch ein irreführender Begriff. Das übermäßige Schreien beschränkt sich zwar meist auf die ersten drei Lebensmonate, es hat aber in der überwiegenden Anzahl der Fälle nichts mit »Koliken«, das heißt mit Störungen des Verdauungstrakts, zu tun (s. S. 86 f.).

Was wissen wir über das »normale« Säuglingsschreien, und wie unterscheidet es sich vom übermäßigen Schreien? (Papoušek et al. 2004)

Normales Schreien

Babys schreien am meisten in den ersten drei Lebensmonaten. Wie Brazelton erstmals nachwies, schreien sie mit zwei Wochen durchschnittlich ungefähr 1¾ Stunden. Es kommt dann zu einem Anstieg auf ca. 2¾ Stunden mit sechs Wochen und einem kontinuierlichen Abfall auf ca. 1 Stunde mit zwölf Wochen.

In den ersten drei Monaten schreien Säuglinge vermehrt in den späten Nachmittags- und frühen Abendstunden, d. h. zwischen ca. 16.00 Uhr und 22.00 Uhr. Danach beginnt sich das Schreien allmählich gleichmäßiger über den Tag zu verteilen, und das nächtliche Schreien nimmt ab (St. James-Roberts & Halil 1991).

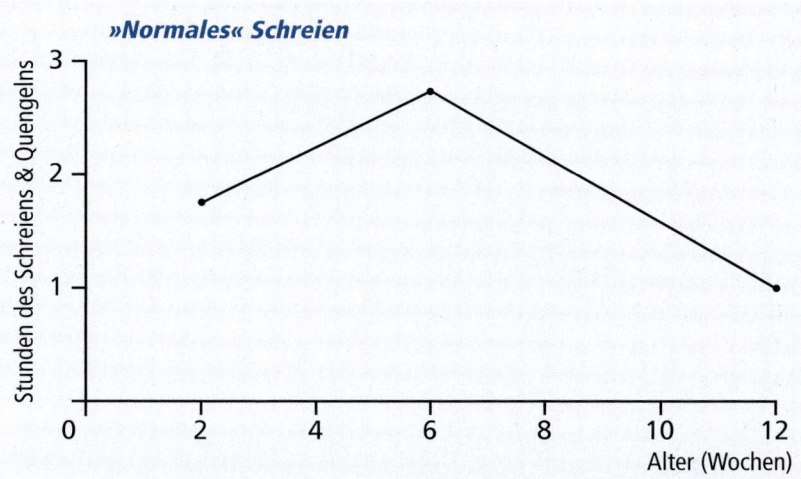

Abb. 1: Durchschnittliche Dauer des Schreiens/Quengelns pro 24 Stunden in den ersten 12 Lebenswochen (Brazelton 1962)

Exzessives (übermäßiges) Schreien

Ungefähr 10–20% der Eltern klagen, insbesondere in den ersten Lebensmonaten, über belastende Schreiprobleme ihres Kindes (St. James-Roberts & Halil 1991). Das übermäßige Schreien tritt häufig in Kombination mit Schlaf- und Fütterproblemen auf.

Unter exzessivem Schreien versteht man anfallsartige Unruhe- und Schreiphasen ohne erkennbaren Grund bei einem ansonsten gesunden Kind in den ersten drei bis vier (maximal sechs) Lebensmonaten. Sie stehen im Zusammenhang mit physiologischen Reifungs- und Anpassungsprozessen. Das Schreien kann mit geblähtem Bauch, hochroter Hautfärbung und angespannter Muskulatur einhergehen. Typischerweise spricht das Baby nicht auf Beruhigungshilfen an (Deutsche Gesellschaft für Kinder- und Jugendpsychiatrie et al. 2003).

Wie viele Stunden muss ein Baby schreien, um als exzessiv schreiend zu gelten? In der Forschung wird als so genannte *objekti-*

ve Definition meist die »Dreier-Regel« von Wessel et al. (1954) verwendet: »Anfälle von Schreien, Irritierbarkeit und Nörgeln, die länger als drei Stunden am Tag dauern, an mehr als drei Tagen pro Woche auftreten und seit mehr als drei Wochen angedauert haben.« Im klinischen Alltag geht man jedoch üblicherweise von einer *subjektiven Definition* aus. Danach gilt ein Baby als exzessiv schreiend, wenn das Schreien für seine Eltern ein Problem darstellt und sie deswegen Hilfe suchen (Deutsche Gesellschaft für Kinder- und Jugendpsychiatrie et al. 2003).

Ursachen

Eltern suchen die Ursache des übermäßigen Schreiens meist allein beim Kind, indem sie von Schmerzen, Ängsten oder einem schwierigen Temperament ausgehen. Oder sie vermuten die Ursache bei sich selbst, indem sie einen Zusammenhang zu eigenen Problemen und Belastungen sehen und sich selbst Vorwürfe machen. Solche einseitigen Betrachtungsweisen werden dem Problem jedoch nicht gerecht.

Neueren Ergebnissen der Säuglingsforschung zufolge ist das übermäßige Schreien in den ersten drei bis sechs Lebensmonaten in den meisten Fällen darauf zurückzuführen, dass Babys Probleme haben, sich selbst zu regulieren, und dass es ihren Eltern schwerfällt, sie dabei in angemessener Weise zu unterstützen. Die Ursache liegt also weder allein beim Kind noch allein bei den Eltern, sondern alle Beteiligten (Mutter, Vater und Kind) tragen etwas dazu bei. Wie kann man sich das vorstellen?

Faktoren auf Seiten des Kindes

Es handelt sich um Babys, die reifungsbedingt ausgeprägte Schwierigkeiten haben, sich selbst zu regulieren.

▶ Sie neigen dazu, sehr empfindlich und extrem auf äußere Reize (wie Geräusche, Berührungen und andere Stimulationen) zu reagieren, und es fällt ihnen schwer, sich an diese Reize zu gewöhnen und sie zu ignorieren.

▶ Sie haben größere Schwierigkeiten, sich selbst zu beruhigen.

▶ Ihre Verhaltenszustände sind weniger klar ausgebildet und neigen dazu, abrupt zu wechseln.

▶ Sie haben mehr Probleme mit der Schlaf-wach-Regulation als andere Kinder. Das heißt, sie
  – schlafen insgesamt weniger;
  – brauchen länger (manchmal Stunden), bis sie eingeschlafen sind;
  – finden nur mit aufwendigen elterlichen Hilfen (wie langem Stillen oder Umhertragen, ausgedehnten Fahrten mit dem Kinderwagen, Wippen auf einem großen Ball) in den Schlaf;
  – haben kürzere Schlafphasen;
  – wachen nachts häufiger auf und sind dann länger wach;
  – machen tagsüber nur kurze Nickerchen und
  – haben Wachphasen von geringerer Qualität: Statt aufnahmefähig und interaktionsbereit zu sein, neigen sie – häufig aus Übermüdung – zu vermehrtem Quengeln und Schreien.

▶ Ein bedeutsames Ergebnis besteht darin, dass die Schreiattacken zeitlich mit Schlafdefiziten korrespondieren: *Schreibabys sind oft übermüdete Babys.*

Insgesamt sind diese Kinder in ihren Signalen besonders schwer einschätzbar und stellen die intuitiven Fähigkeiten ihrer Eltern auf eine harte Probe. Sie benötigen mehr Regulationshilfen als andere Babys, besonders bezogen auf das Schlafen.

Faktoren auf Seiten der Eltern

Den Eltern fällt es manchmal aufgrund eigener Belastungen und Probleme schwer, sich innerlich auf ihr Baby einzustellen. Dies kann damit zusammenhängen, dass die Mütter nach der Geburt an einer Depression leiden (man geht von 8–15 % aus). Oder Eltern interpretieren unbewusst Eigenschaften und Absichten in ihr Kind hinein, die seinem eigentlichen Wesen überhaupt nicht entsprechen (s. Seite 56 ff.). Aber auch eine übermäßige Anzahl belastender Lebensbedingungen (wie ausgeprägte finanzielle Nöte, beengte Wohnung, Arbeitslosigkeit, Partnerlosigkeit, chronische Erkrankung oder Behinderung des Kindes, unzureichendes soziales Unterstützungssystem) kann es den Eltern erschweren, sich auf ihr Baby einzulassen, so dass es deshalb mit vermehrtem Schreien reagiert.

Gibt es organisch bedingte Begleiterkrankungen des exzessiven Schreiens?

Lange Zeit wurde das exzessive Schreien mit Störungen der Magen-Darm-Funktion in Verbindung gebracht, was sich noch in dem häufig verwendeten Begriff »Drei-Monats-Koliken« wiederfindet. Neueren Erkenntnissen zufolge trifft dies aber für die überwiegende Mehrzahl der Kinder nicht zu (Deutsche Gesellschaft für Kinder- und Jugendpsychiatrie et al. 2003). Beispielsweise sind Blähungen eher die Folge als die Ursache des exzessiven Schreiens, da das Kind beim Schreien vermehrt Luft schluckt.

In seltenen Fällen tragen Erkrankungen des Magen-Darm-Traktes (wie eine Kuhmilchallergie oder ein gastro-ösophagealer Reflux, bei dem Magenflüssigkeit in die Speiseröhre zurückfließt) zu vermehrten Unruhezuständen und Schreien bei. Ihr Kinderarzt wird klären, ob dies der Fall ist und ggf. eine Behandlung einleiten. Möglicherweise können auch funktionelle Störungen der Halswirbelsäule (wie eine »Kopfgelenk-induzierte Symmetrie-Störung«, das so genannte KISS-Syndrom) zu der Symptomatik beitragen. Hierzu stehen wissenschaftlich ausgewiesene Studien jedoch noch aus, so dass die Bedeutung in der Fachwelt umstritten ist.

Wie wirkt sich exzessives Schreien aus?

Besorgt fragen Eltern immer wieder nach möglichen Auswirkungen des exzessiven Schreiens. In den allermeisten Fällen ist es aus medizinischer Sicht harmlos und bessert sich, ohne negative Folgen zu hinterlassen, nach drei bis vier Monaten von allein.

Aber drei bis vier Monate sind eine lange Zeit. Das Kind beginnt sein Leben mit der Erfahrung, in seinen Signalen nicht angemessen verstanden zu werden, und ist häufig quengelig und unzufrieden. Bei den Eltern führt das exzessive Schreien zu chronischem Schlafmangel und Erschöpfungszuständen sowie zu Ängsten, depressiven Verstimmungen, Selbstzweifeln und schließlich Wut. Aus der Hilflosigkeit heraus haben sie manchmal Phantasien, ihr Kind zu schlagen oder zu schütteln. Viele Fälle von Kindesmisshandlungen (bis zum Totschlag) werden durch übermäßiges Schreien ausgelöst. *Eltern wissen meist nicht, wie gefährlich insbesondere das Schütteln ist.* Aufgrund mangelnder Kopfkontrolle des Babys kommt es dabei zu sehr heftigen Kopfbewegungen. Dabei können innerhalb des Schädels kleinste Blutgefäße einreißen und zu massiven Hirnblutungen mit Todesfolge oder schweren bleibenden Behinderungen führen.

Quengeln und Schreien als Sprache des Babys

Sarah, drei Monate alt, liegt auf dem Arm ihrer Mutter, Frau J., und schreit. Sie hat einen hochroten Kopf und streckt ihren Körper weit nach hinten. Frau J. geht mit ihr im Zimmer auf und ab und spricht beruhigend auf sie ein, aber Sarah schreit weiter. Vielleicht hat sie Hunger, denkt Frau J. und bietet ihrer Tochter die Brust an. Sarah trinkt ein paar Schlückchen und schläft dabei ein. Als Frau J. sie jedoch ins Bettchen legen will, schreckt sie wieder schreiend auf. Jetzt übernimmt Herr J. Erst versucht er Sarah mit Spielzeug abzulenken, dann wechselt er ihre Windeln und schließlich bepustet er sie mit einem Fön. Aber alles wirkt nur für kurze Zeit. Gegen Abend hilft dann nichts mehr, und Sarah bricht in scheinbar unstillbares Schreien aus. »So geht es jeden Tag«, sagt Frau J. »Manchmal werde ich richtig wütend und schreie die Kleine an, weil ich nicht mehr weiterweiß. Neulich habe ich sie sogar geschüttelt. Hinterher hatte ich ein schlechtes Gewissen.«

»*Wenn ich nur wüsste, was sie hat*«, sagt Sarahs Mutter und formuliert damit eine Frage, auf die viele Eltern eine Antwort suchen.

Ein Baby kann nicht in Worte fassen, wie es ihm geht oder was es braucht. Es kommuniziert mit Hilfe von Zeichen wie Blickkontakt, Quengeln und Schreien. Um verstanden zu werden, benötigt es andere, die diesen Zeichen eine Bedeutung geben. Manchmal fällt das leicht, beispielsweise, wenn das Baby lächelt. Aber es gibt schwerer zu interpretierende Signale, dazu gehört das Schreien. Ein lauthals schreiendes Baby hat in der Regel schon vorher Botschaften gesendet, die nicht verstanden wurden, so dass es durch sein Weinen jetzt alle Kraft aufbietet, um (endlich) eine angemessene Reaktion zu bekommen.

Eltern von Schreibabys geben ihrem Kind typischerweise keine präzisen Antworten auf seine Signale. Anstatt genau zu prüfen, was es in den jeweiligen Situationen braucht, neigen sie zu unspezifischen Beruhigungsmaßnahmen und tragen ihr quengelndes oder schreiendes Kind »ständig« umher, fahren es im Auto- oder Kinderwagen spazieren, stillen oder füttern es in kurzen Abständen, hopsen mit ihm auf einem großen Ball herum, setzen es auf die Waschmaschine, so dass es geschüttelt wird ... Durch solche Maßnahmen gehen sie aber nicht auf seine konkreten Bedürfnisse ein. Wieso sollte sich ein Baby beispielsweise beruhigen, wenn es müde ist, aber mit immer neuen Aktivitäten angeregt wird? Es ist nur folgerichtig, dass es dann irgendwann zu weinen beginnt.

Interpretationen haben weit reichende Folgen

Es ist nicht immer einfach, die vorsprachlichen Mitteilungen des Kindes richtig zu interpretieren. Das kann folgende Gründe haben:
▶ Reifungs- oder konstitutionell bedingt sind manche Babys nur schwer zu »verstehen«. Scheinbar grundlos brechen sie von einer Minute zur anderen in Schreien aus, ohne dass die Eltern

Zeit finden, dies vorauszusehen und abzuwenden. Häufig lassen sie sich nur schwer trösten.

▶ Babys bringen unterschiedliche Befindlichkeiten auf gleiche Weise zum Ausdruck. Beispielsweise kann Quengeln oder Schreien manchmal Hunger signalisieren und zu anderen Zeiten Schmerzen, Müdigkeit usw. Eltern sind deshalb darauf angewiesen, die Zeichen in Beziehung zu anderen Faktoren zu setzen, indem sie sich beispielsweise fragen, wie lange die letzte Mahlzeit oder das letzte Schläfchen zurückliegt oder ob etwas Besonderes vorgefallen ist. So können sie das Quengeln und Schreien besser zuordnen.

▶ Interpretationen haben immer etwas mit uns selbst zu tun, mit unserer eigenen Geschichte, unseren Wertvorstellungen und den inneren Themen, die uns bewegen. Eltern haben manchmal auch deshalb Schwierigkeiten, die Signale richtig zu verstehen, weil sie Eigenschaften, Gefühle und Absichten in ihr Baby hineininterpretieren, die mehr mit ihnen selbst als mit dem Kind zu tun haben (s. S. 115 ff.).

Jedes interaktive Zusammenspiel umfasst zwei Ebenen:
1. das objektiv beobachtbare Verhalten (Was tut mein Baby, was tue ich, was tut mein Partner?)
2. die subjektive Interpretation des Verhaltens (Wie erleben alle Beteiligten, was die anderen und sie selbst tun?)

Das folgende Beispiel soll dies in vereinfachter Weise veranschaulichen.

Tom (10 Wochen) ist schon vier Stunden wach. Er gähnt und quengelt und wird in die Wiege gelegt. Dort beginnt er sofort zu schreien und mit Armen und Beinen zu rudern. Sein Kopf wird ganz rot und biegt sich nach hinten.

Toms objektiv beobachtbares Verhalten (sein Schreien, Rudern mit Armen und Beinen usw.) löst unterschiedliche Interpretationen aus. Beispielsweise sagt:

▶ seine Mutter: Er schreit, weil er meine Nähe vermisst und sich alleingelassen fühlt;

▶ sein Vater: Er ärgert sich, weil wir ihn hingelegt haben, und kriegt vor Wut schon einen ganz roten Kopf;

▶ seine Oma: Er hat Blähungen;

▶ seine Tante: Er weint, weil er nicht daran gewöhnt ist, allein im Bettchen zur Ruhe zu kommen.

Interpretationen beeinflussen den weiteren Umgang mit dem Kind. So nimmt Toms Mutter ihren Sohn vielleicht wieder hoch und lässt ihn auf dem Arm zur Ruhe kommen, oder sie legt sich zum Schlafen gemeinsam mit ihm hin. Möglicherweise nimmt ihn auch der Vater hoch. Er könnte sich jedoch auch in einen Machtkampf verstricken und so etwas denken wie: Mit mir nicht, mein Freundchen. Du bleibst jetzt liegen. Dagegen schlägt die Oma vor, Toms Bauch zu massieren bzw. mit ihm zum Kinderarzt zu gehen, und die Tante propagiert die Vermittlung gleichbleibender Schlaferfahrungen.

Interpretationen sind nie objektiv. Ohne auf unser eigenes Erleben zurückzugreifen, könnten wir uns gar nicht in andere hineinversetzen. Ein Problem entsteht erst dann, wenn wir das Verhalten anderer so verzerrt wahrnehmen, dass deren charakteristische Individualität völlig missachtet wird.

»Gespenster im Kinderzimmer«

Die amerikanische Sozialarbeiterin und Psychoanalytikerin Selma Fraiberg und ihre Kollegen (2003) haben sich ausführlich mit solchen Fehlinterpretationen beschäftigt. Sie sprechen von »Gespenstern im Kinderzimmer«, die als »Besucher aus der unerinnerten Vergangenheit der Eltern« ihr Unwesen treiben und die Beziehung zum Kind stören. Es lassen sich zwei Arten von Gespenstern unterscheiden:

1. *Das Baby repräsentiert einen Aspekt des unbewussten Erlebens eines Elternteils.* Diese Eltern nehmen ihr Kind wahr, als würde

es sich so verhalten und so empfinden wie sie selbst. Die folgenden Beispiele sollen diesen Gespenstertypus nach dem Muster »Mein Baby ist wie ich« veranschaulichen:

Frau S. sagt über ihre Tochter Lisa: »Sie fängt sofort an zu weinen, wenn ich sie für einen Moment ablege. Ich glaube, sie hat dann Angst, dass ich nicht wiederkomme. Mir ging es auch so, als ich klein war. Es musste immer jemand bei mir sein.«

Herr W. nimmt seinen Sohn sofort auf den Arm, wenn dieser nur den leisesten Unmut von sich gibt. »Ich bin früher nie hochgenommen worden, wenn ich geweint habe, und nehme meinen Eltern das heute noch übel.«

2. *Das Baby repräsentiert einen Menschen, der in der Vergangenheit der Eltern eine große Rolle gespielt hat.* Diese Eltern nehmen ihr Baby wahr, als würde es sich so verhalten oder so empfinden wie eine bedeutsame Person aus der eigenen Vergangenheit. Dieser Gespenstertypus nach dem Muster »Mein Baby ist wie meine Mutter, mein Vater, mein Bruder usw.« soll anhand der folgenden Beispiele verdeutlicht werden.

»Meine Tochter ist wie mein Vater«, sagt Herr U. »Sie kommandiert uns den ganzen Tag rum, und wenn wir nicht sofort springen, brüllt sie los.«

Frau T. fühlt sich von ihrer Tochter abgelehnt wie früher von ihrer Mutter. »Sie ist nur am Schreien und mit nichts, was ich tue, zufrieden. Dabei gebe ich mir so viel Mühe. Mein ganzes Leben habe ich um die Liebe meiner Mutter gekämpft.«

Alle Eltern sehen in ihrem Kind gelegentlich sich selbst oder Merkmale wichtiger Personen aus ihrem Leben. Es handelt sich hierbei um ganz normale Vorgänge. Ein Problem entsteht erst, wenn überwiegend negative Eigenschaften und Absichten in das Baby hineininterpretiert werden oder wenn Zuschreibungen – man spricht von Projektionen – unverrückbar sind. In solchen Fällen wird das Baby deutlich anders wahrgenommen, als es eigentlich ist. Dies hat starke

Auswirkungen auf die Art und Weise, wie es sich später selbst erlebt und über sich denkt. Wie soll es beispielsweise ein positives Selbstbild entwickeln, wenn ihm seine Eltern keine altersangemessenen Versagungen zumuten, weil sie jegliches Quengeln und Schreien mit Angst vor Alleinsein und Verlassenheit in Verbindung bringen oder wenn sie die Tendenz haben, ihm negative, gegen sie gerichtete Motive zu unterstellen?

Es ist manchmal schwer, allein herauszufinden, ob »Gespenster« am Werk sind, da sie sich real anfühlen. Führt die Anwendung des folgenden Leitfadens nicht zu einer Reduzierung des übermäßigen Schreiens, könnte es daran liegen, dass sich unbemerkt ein »Gespenst« eingeschlichen hat und die Beziehungsgestaltung zum Baby erschwert. Im Abschnitt »Der Leitfaden hat nicht zum erwünschten Erfolg geführt« (ab S. 114 wird ausführlicher auf eine solche Möglichkeit eingegangen.

4

Leitfaden: So helfen Sie Ihrem schreienden Baby

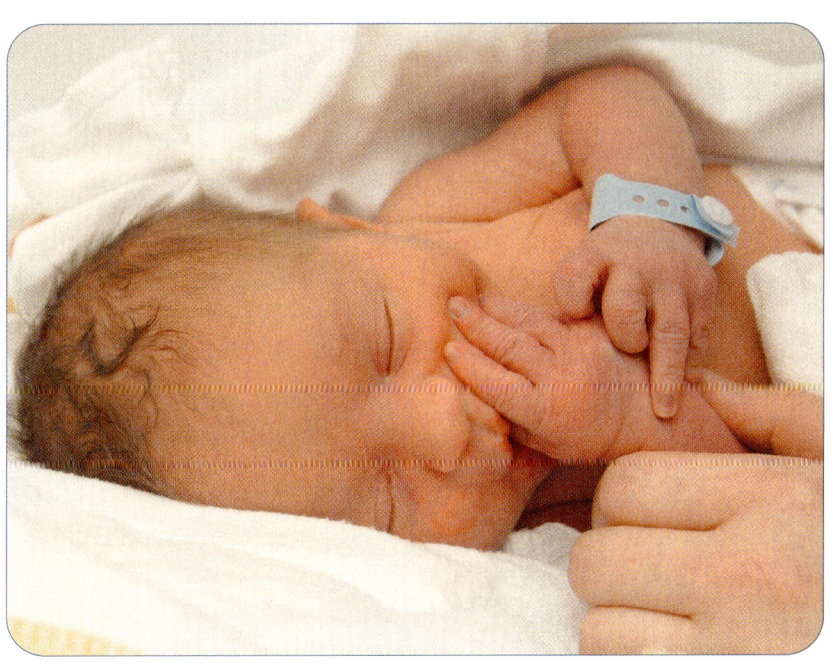

Sie haben ein Baby, das übermäßig viel weint, und wünschen sich Hilfe. Wie in Kapitel 3 beschrieben, ist das exzessive Schreien bei gesunden Babys in den ersten vier Lebensmonaten Ausdruck eines Verständigungsproblems. Das Kind bemüht sich, die vielen inneren und äußeren Anforderungen zu bewältigen, mit denen es nach der Geburt konfrontiert ist. Es versucht, seinen Durst zu stillen, zu schlafen, Kontakt aufzunehmen, mit seinen unwillkürlichen Körperbewegungen zurechtzukommen usw. Aufgrund seiner Unreife stößt es hierbei jedoch immer wieder an seine Grenzen. Dies äußert sich zunächst in vermehrter motorischer Unruhe und in Quengeln. Bei ausbleibender oder unangemessener Reaktion bricht das Baby schließlich in lautes Weinen aus.

Gehen Sie feinfühlig auf die Signale Ihres Babys ein

Eltern von Schreibabys neigen zu unspezifischen Beruhigungsmaßnahmen. Dadurch entsteht eine schwierige Situation. Wie soll ein Kind beispielsweise Ruhe finden, wenn Eltern mit ständig wechselnden Spielangeboten auf sein Weinen reagieren und nicht erkennen, dass es schreit, weil es überfordert ist und Reize noch nicht gut genug ausblenden kann?

Natürlich gibt es robuste Kinder, die auch damit zurechtkommen. Exzessiv schreienden Babys fällt dies schwerer. Sie brauchen Eltern, die nicht erst auf lautes Schreien, sondern bereits auf frühe Äußerungen von Unwohlsein in spezifischer Weise reagieren.

Es ist nicht immer einfach, herauszufinden, was ein Baby »sagen« will. Anfangs hat das viel mit »Versuch und Irrtum« zu tun, also damit, Hypothesen zu bilden und diese systematisch anhand der kindlichen Reaktion zu überprüfen:

Frau M. vermutet, dass die kleine Lina aus Langeweile quengelt. Folgerichtig nimmt sie ihre Tochter auf den Arm und versucht, mit ihr ein kleines Zwiegespräch zu führen. Aber Lina biegt den Körper weit

nach hinten und guckt beharrlich zur Seite. »Sie möchte nicht spie-
len«, denkt Frau M., »vielleicht hat sie Hunger?« Lina nimmt eine
gute Mahlzeit zu sich, ist aber weiterhin unruhig. Auch ein Windel-
wechsel führt zu keiner Besserung ihres Befindens. Jetzt ist sich Frau
M. ganz sicher: »Lina ist müde.« Ein spezifisches Vorgehen würde
darin bestehen, Linas Bemühungen, einzuschlafen, zu unterstützen.

Elterliche Feinfühligkeit

Die Feinfühligkeit, mit der Eltern auf die Signale ihres Kindes
eingehen, gilt als wesentlicher Faktor einer guten Kommunikation und Kindesentwicklung (Ainsworth 1977). Eltern verhalten sich feinfühlig, wenn sie

▶ *die Signale ihres Babys frühzeitig wahrnehmen*
   Dies setzt voraus, dass sie ihr Kind im Blick haben und
   früh auf das, was es ihnen »sagt«, reagieren (d. h. nicht
   erst dann, wenn es bereits aus vollem Halse schreit);
▶ *die Signale richtig interpretieren*
   Dazu müssen sie sich in die Gefühlslage ihres Babys hineinversetzen können, ohne übermäßig stark eigene Wünsche,
   Gefühle usw. in es hineinzuinterpretieren;
▶ *angemessen auf die Signale eingehen*
   Das bedeutet, dem Baby eine spezifische Antwort auf
   seine Signale zu geben, die es weder über- noch unter-
   fordert;
▶ *prompt auf die Signale reagieren*
   Junge Babys brauchen eine möglichst sofortige Antwort,
   insbesondere auf Äußerungen von Kummer. Nur dann
   haben sie ein Gefühl von Selbstwirksamkeit (»Ich kann
   etwas tun, damit es mir besser geht.«). Prompt zu reagieren bedeutet nicht, sich zum »Sklaven« des Kindes zu
   machen, sondern seine Befindlichkeiten und Wünsche
   anzuerkennen, auch wenn diese nicht immer erfüllt werden können (»Ich weiß, dass du jetzt auf meinen Arm
   möchtest, aber ich kann hier gerade nicht weg.«).

Man spricht in diesem Zusammenhang von elterlicher Feinfühligkeit oder Sensitivität. Sie besteht darin, die Signale des Kindes frühzeitig wahrzunehmen, richtig zu interpretieren und dann prompt und angemessen zu reagieren (siehe unten). Hierbei geht es um eine idealtypische Beschreibung. Es versteht sich von selbst, dass es unmöglich ist, immer hundertprozentig feinfühlig zu sein.

Woran können Sie erkennen, ob Sie feinfühlig genug sind? Nur Ihr Kind kann Ihnen diese Frage beantworten. Auf feinfühliges Verhalten reagiert es mit zunehmender Entspannung und Zufriedenheit, auf weniger feinfühliges mit vermehrter Unruhe, Quengeln oder Schreien. Man kann nicht immer sofort verstehen, was ein Baby möchte. Kleine Missverständnisse sind die Regel und können meist schnell ausgebügelt werden. *Lassen Sie sich bei allem, was Sie im Folgenden tun, von Ihrem Kind zeigen, ob Sie auf der richtigen Spur sind.*

Aufbau des Leitfadens

Der Leitfaden begleitet Sie durch das Verhaltensrepertoire Ihres Babys. Er beginnt mit einer Anleitung zur Bestimmung des Verhaltenszustandes, in dem es sich gerade befindet (siehe unten). Das ist ein wichtiger Ausgangspunkt für alles, was Sie im Folgenden tun. Anschließend finden Sie Anregungen über den weiteren Umgang mit Ihrem Kind in den einzelnen Verhaltenszuständen, zum Beispiel, wenn es quengelt oder schreit. So werden Sie häufiger im Stande sein, prompt und angemessen zu reagieren.

Versuchen Sie sich bei den folgenden Empfehlungen sowohl in Ihr Baby hineinzufühlen und die Welt mit seinen Augen zu sehen als auch eine kleine innere Distanz zu ihm einzunehmen und gleichzeitig einen »objektiven« Blick zu bewahren.

Eine gute Mischung von Einfühlung und innerer Distanz

Ein Kind braucht einfühlsame Eltern, die in der Lage sind, die Welt aus seiner Sicht wahrzunehmen. Aber reicht das aus? Stellen Sie sich vor, Eltern würden sich so sehr mit ihrem Baby identifizieren, dass es ihnen gefühlsmäßig genauso geht wie ihm. Wäre es dann nicht fast so, als hätte man es mit zwei Kindern zu tun, die sich gegenseitig nicht helfen können? Einfühlung allein ist nicht genug. Ein Kind braucht Eltern, die sich sowohl in seine Lage versetzen können als auch die Souveränität eines Erwachsenen behalten. Es geht um eine innere Balance von Gleichheit und Getrenntheit. Ist sie nicht gegeben, sind Eltern außerstande, ihrem Kind zu helfen.

Bestimmen Sie den Verhaltenszustand, in dem sich Ihr Baby gerade befindet

Die Reaktionen von Babys sind nur auf dem Hintergrund des jeweiligen Verhaltenszustandes verständlich, in dem sie sich gerade befinden (siehe unten). *Nur wenn man die Verhaltenszustände der Babys berücksichtigt, sind sie vorhersagbar.* Beispielsweise werden sie auf ein Spielangebot im aufmerksamen Wachzustand mit Interesse reagieren, im quengeligen Zustand mit Desinteresse oder Weinen.

Damit Sie möglichst gut auf Ihr Kind eingehen können, ist es deshalb wichtig, seine jeweilige Befindlichkeit, d. h. seinen Verhaltenszustand zu kennen. Lesen Sie die untenstehenden Beschreibungen. Schauen Sie Ihr Baby genau an. Beobachten Sie, wie es sich verhält, und bestimmen Sie den Verhaltenszustand, in dem es sich *in diesem Augenblick* befindet. Ist es gerade wach oder schläft es? Wenn es wach ist: Ist es in einem aufmerksamen Wachzustand oder quengelt bzw. schreit es? Wenn es gerade schläft oder schläfrig wirkt: Ist es im ruhigen, aktiven oder Halbschlaf?

Verhaltenszustände (nach Brazelton 1995)

Ruhiger Schlaf

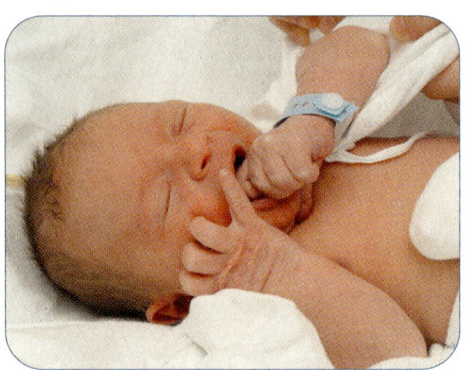

Die Augenlider sind fest geschlossen. Das Baby atmet tief und gleichmäßig und bewegt sich nicht. Gelegentlich zuckt es zusammen, wacht davon jedoch nicht auf. In diesem Zustand ist es für äußere Reize relativ unzugänglich. Man kann es berühren oder hochnehmen, ohne dass es wach wird.

Aktiver Schlaf (REM-Schlaf)

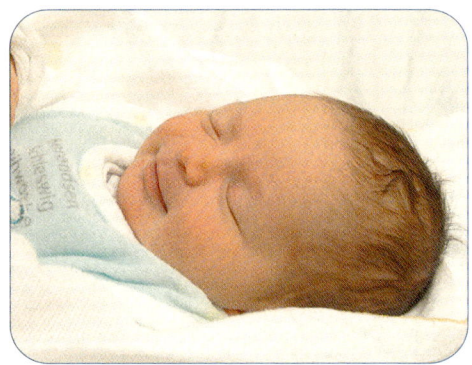

Häufig sind schnelle Augenbewegungen unter geschlossenen Lidern zu beobachten, deshalb spricht man von REM-Schlaf (REM: »Rapid Eye Movements« = schnelle Augenbewegungen). Das Baby atmet unregelmäßig und bewegt sich im Schlaf. Es runzelt die Stirn, grimassiert oder lächelt (man spricht von »Engelslächeln«). Hin und wieder macht es Saugbewegungen mit dem Mund. In diesem Zustand ist es für die Außenwelt empfänglicher, und leicht störbar.

Halbschlaf (Schläfrigkeit)

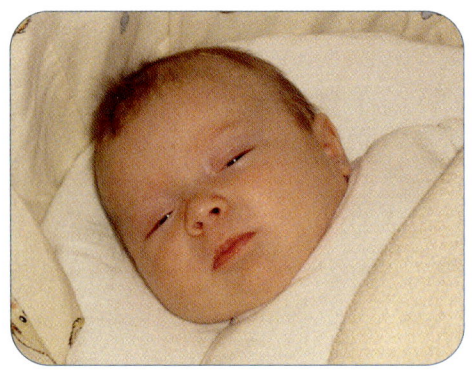

Dieser Zwischenzustand stellt sich ein, wenn das Baby dabei ist, einzuschlafen oder aufzuwachen. Es wirkt träge und schläfrig. Abwechselnd öffnet und schließt es die Augen, sein Blick wirkt abwesend. Die Atmung ist regelmäßig, aber schneller und flacher als im aktiven Schlaf. Seine Bewegungen sind flüssig, gelegentlich kommt es zu leichten Zuckungen. Stimuliert man es in diesem Zustand, wird es ganz wach und reaktionsfähiger werden.

Aufmerksamer Wachzustand

Körper und Gesicht des Babys sind relativ ruhig, seine Augen strahlen. In diesem Zustand bereitet es seinen Eltern die größte Freude. Es ist interaktionsbereit und ansprechbar für Spielangebote. Diese Phasen sind bei jungen Babys jedoch nur kurz und deshalb besonders kostbar.

Quengeliger Wachzustand

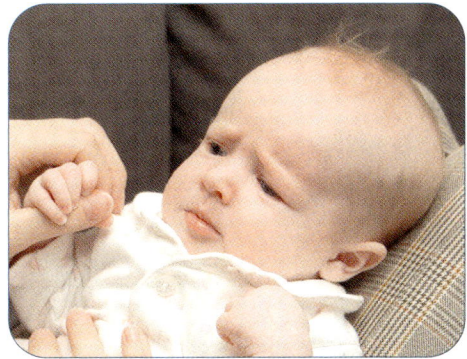

Er stellt einen Übergangszustand vor dem Schreien dar. Das Baby ist zugänglich für äußere Reize und dadurch manchmal eine Weile zu beruhigen oder zu interessieren. Wird es jedoch überstimuliert, reagiert es erneut quengelig. Seine Bewegungen sind ruckartig und unkoordiniert und versetzen es in noch größere Unruhe, weil es sich dadurch selbst erschrickt.

Schreien

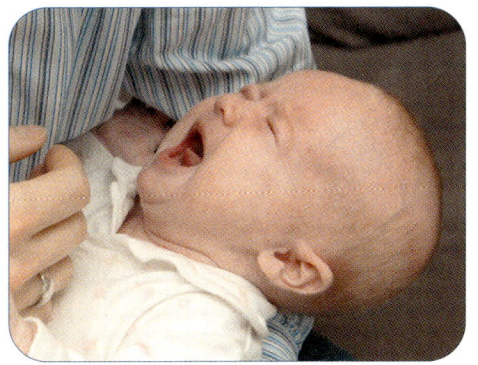

Schreien ist das wirkungsvollste Mittel des Babys, seine Bezugspersonen herbeizurufen.

Hinweis: Die Verhaltenszustände können sich sehr schnell ändern. Versuchen Sie, insbesondere den quengeligen Wachzustand frühzeitig zu erkennen. Quengelige Babys lassen sich mit immer neuen Aktivitäten manchmal noch eine Weile ablenken, so dass ihr wahrer Zustand nicht immer deutlich wird und sie dann, für die Eltern häufig »aus heiterem Himmel«, zu schreien beginnen. Das passiert in der Regel jedoch nicht »aus heiterem Himmel«. Vielmehr wurden die Zeichen des quengeligen Wachzustandes übersehen, und das Baby reagiert mit Weinen, da es keine adäquate Antwort auf sein Befinden bekommen hat – aus seiner Sicht ganz folgerichtig.

Reagieren Sie prompt und angemessen

Nachdem Sie den *gegenwärtigen* Verhaltenszustand Ihres Kindes bestimmt haben, wenden Sie sich jetzt dem Teil des Leitfadens zu, der seinem Verhaltenszustand entspricht:

Im folgenden Abschnitt erfahren Sie mehr über Ihr Baby im *aufmerksamen Wachzustand.*

Ab Seite 75 geht es um den Umgang mit Ihrem Kind im *ruhigen, aktiven und Halbschlaf.*

Ist Ihr Baby gerade *quengelig* oder *schreit* es, möchte ich Sie auf Seite 76 ff. verweisen. Dort finden Sie mögliche Gründe für das Quengeln und Schreien und wie Sie ihrem Kind durch angemessene Reaktionen helfen können.

Wenn Sie alles ausprobiert haben und Ihr Baby dennoch weiterschreit, gehen Sie auf Seite 108.

Das Baby ist im aufmerksamen Wachzustand

Vergleichen Sie dazu die Abschnitte: Das Baby ist wach und zufrieden (S. 29); Bevorzugte Aktivitäten, wenn das Baby wach und zufrieden ist (S. 30); Das »Handling« des Babys (S. 38).

In diesem Verhaltenszustand ist Ihr Kind in der Lage, mit Ihnen zu spielen oder sich – in Ihrer Anwesenheit – für eine kurze Weile mit sich selbst und seiner Umgebung zu beschäftigen. Auf beide Bereiche soll im Folgenden eingegangen werden.

Spielen Sie mit Ihrem Baby

Jetzt – und nur jetzt – können Sie mit Ihrem Kind diese wunderbaren ersten »Gespräche« führen, die Ihr Herz zum Schmelzen bringen und in Ihnen das Gefühl hervorrufen, das entzückendste aller Babys zu haben. *Lassen Sie diese kostbaren, weil so kurzen, interaktionsbereiten Zeiten nicht ungenutzt verstreichen.* Wie auf Seite 30 ausgeführt, haben Babys in den ersten Lebenswochen und -monaten am meisten Freude an Zwiegesprächen. Gegen Ende des dritten Monats entwickeln sich daraus kleine Spiele, mit einer sich wiederholenden Struktur und einem Höhepunkt, den das Kind freudig erwartet. Erst nach dem dritten Lebensmonat wird das gemeinsame Spiel mit Spielzeug attraktiv.

Eltern unterscheiden sich in ihrem Interaktionsstil. Väterliches Spiel ist häufig robuster und körperbetonter als das eher vorsichtige und weiche der Mütter. Das Baby liebt beides. Weckt das »Gespräch« bzw. Spiel sein Interesse, wird Ihr Baby aufmerksam und zugewandt bleiben. Ab der dritten bis sechsten Woche wird es sogar lächeln und ab der achten Woche zunehmend auch freudige Laute von sich geben. Findet es keinen Gefallen an der gemeinsamen Aktivität, orientieren Sie sich mehr an dem, was es jetzt anbietet, oder machen Sie neue Vorschläge, auf die es dann wieder reagieren kann. Vielleicht ist ihm der Kontakt auch nur zu viel geworden, und es schaut zur Seite, weil es eine kleine Auszeit braucht, um sich Ihnen dann – nach einer Weile – wieder zuzuwenden. Man spricht in diesem Zusammenhang von zyklischen Schwankungen der Aufmerksamkeit (s. u.). Nach einigen Versuchen werden Sie sicher eine Art des Dialogs finden, der sowohl für Ihr Baby als auch für Sie selbst befriedigend ist. Probieren Sie verschiedene Dinge aus!

Babys und ihre Eltern gemeinsam haben Spaß:

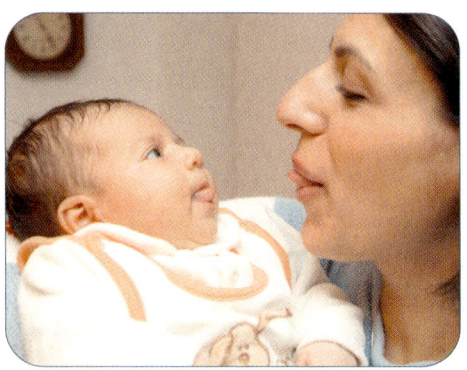

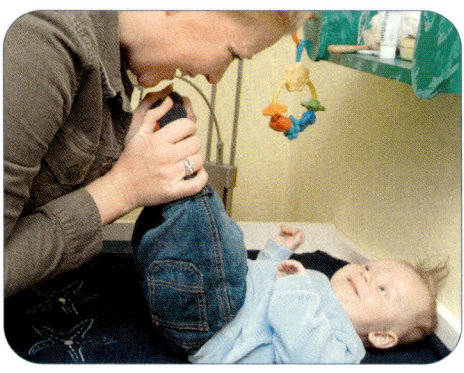

Diana streckt die Zunge raus.   *Linus macht Gymnastik mit Mama ...*

und Grimassen mit Papa.

Eine positive Nutzung des aufmerksamen Wachzustandes ist beson-
ders wichtig, wenn Ihr Kind übermäßig viel schreit. Die Momente in-
niger Bezogenheit, wie sie in diesem Verhaltenszustand möglich
sind, entschädigen Sie für die zermürbenden, schwierigen Zeiten
mit ihm und geben Ihnen Mut zum Weitermachen. Typischerweise
verhalten sich Eltern von Schreibabys häufig anders. Sie verbringen
viel Zeit mit ihrem nörgelnden und weinenden Kind und neigen
aus Erschöpfung dazu, es abzulegen und sich selbst zu überlassen,

wenn es »endlich mal ruhig ist«. Untersuchungen haben gezeigt, dass Babys, die regelmäßig beglückende Spielinteraktionen mit ihren Eltern haben, besser zur Ruhe kommen und schlafen – so wie ältere Kinder nach ausgiebigem Spiel und körperlicher Aktivität.

Wie Sie das gemeinsame Spiel befriedigender gestalten können

Folgende Anregungen können dazu beitragen, die Zwiegespräche und das frühe Spiel zu verbessern.

▶ *Bringen Sie Ihr Baby in eine stabile, entspannte Körperhaltung, die Blickkontakt ermöglicht.*

In den ersten Lebenswochen und -monaten haben Kinder reifungsbedingt noch Mühe, ihre Körperbewegungen zu steuern (vgl. S. 37 f.). Sie benötigen deshalb einen sicheren körperlichen Halt, um sich ganz auf die Interaktion konzentrieren zu können.

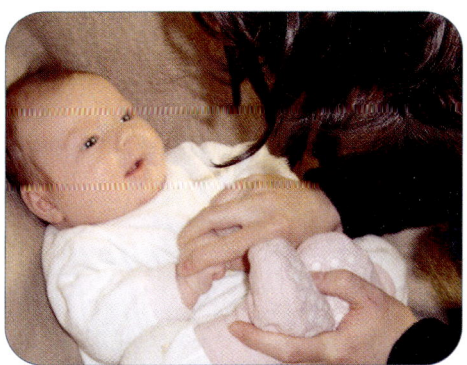

Hedi und Calotta bekommen von ihren Müttern Halt und können sich so ganz auf die Interaktion konzentrieren.

▶ *Nehmen Sie eine direkte Beziehung auf.*

In den ersten drei Lebensmonaten kann das Baby mit Spielzeug noch nicht viel anfangen. Es interessiert sich hauptsächlich für Sie!

▶ *Sprechen Sie in der Ammensprache.*

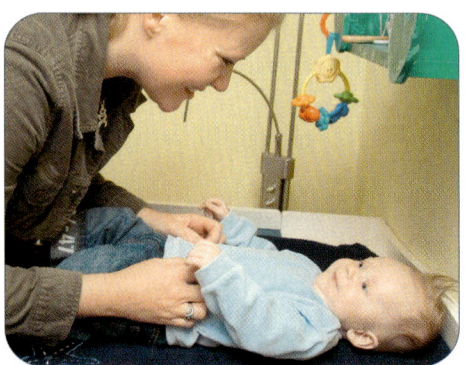

Die Mutter spielt das »Krabbelspiel« …

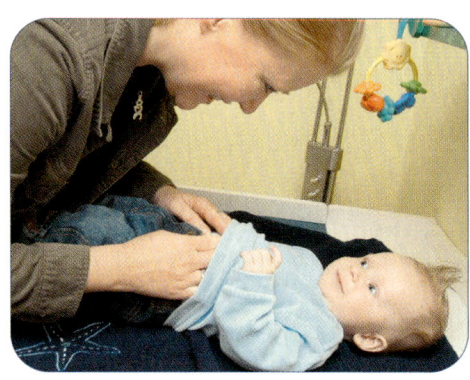

und kommt näher und …

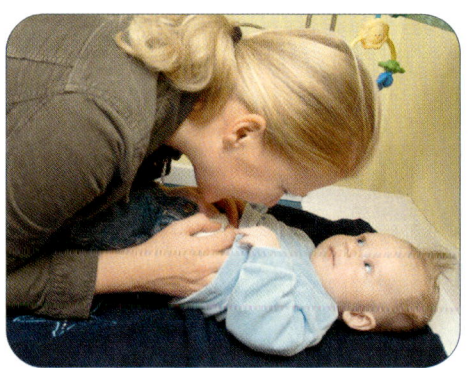

noch näher …

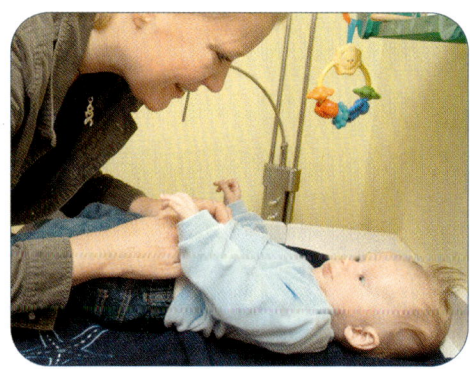

doch Linus, 14 Wochen, wird es zu viel.
Er schiebt seine Mutter weg und …

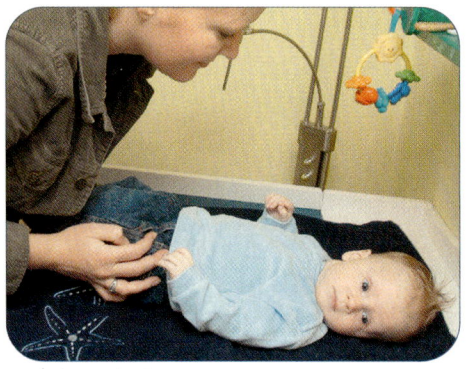

wendet sich ab.

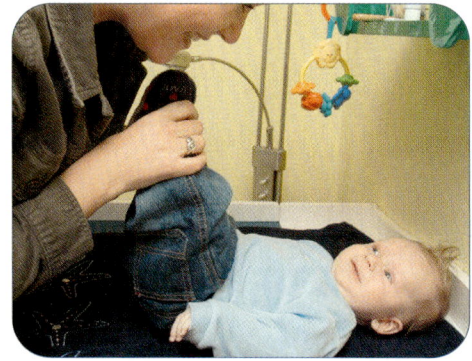

Nach einer Weile geht das Spiel weiter …

Babys mögen diese dem intuitiven Elternverhalten zugehörige Sprechweise, da sie optimal auf ihre begrenzten Möglichkeiten der Informationsaufnahme und -verarbeitung abgestimmt ist (s. S. 14).

▶ *Stellen Sie eine ausgewogene Balance von Geben und Nehmen, Aktivität und Abwarten her.*

Babys reagieren empfindlich auf die Art und Weise, wie mit ihnen gespielt wird. Ihr Interesse wird geweckt, wenn Eltern die »Unterhaltung« oder das Spiel so anlegen, dass sie und ihr Kind wechselseitig aufeinander bezogen sind und einer auf den anderen »antwortet«. So lassen Eltern gewöhnlich kleine Pausen, wenn sie mit ihrem Baby spielen, um ihm Zeit für eine Reaktion zu geben, auf die sie dann wiederum Bezug nehmen.

Nehmen sich Eltern, die zu *Überstimulationen* neigen, ein wenig zurück und geben ihrem Kind immer erst Gelegenheit zur »Antwort«, bevor sie weitersprechen, erreichen sie verblüffende Wirkungen. Umgekehrt profitieren Babys sehr *zurückhaltender Eltern* von etwas mehr Aktivität und Stimulation.

Kennzeichen einer befriedigenden Interaktion ist – wie zwischen Erwachsenen auch –, dass sich ein Partner vom anderen beeinflussen lässt, im günstigen Fall so etwas wie eine gemeinsam entwickelte Melodie entsteht. Wird Babys keine Möglichkeit eingeräumt, das »Gespräch« zu beeinflussen, verlieren sie schnell das Interesse und wenden sich ab oder quengeln.

Signale, durch die Ihr Kind zum Ausdruck bringt, dass es nicht mehr interaktionsbereit ist

Zwiegespräche und Spiele strengen junge Babys an. Achten Sie deshalb auf frühe Anzeichen von Quengeln und Müdigkeit. Sie sind in den ersten Lebenswochen häufig schon nach 5–10 Minuten zu beobachten:

Gähnen

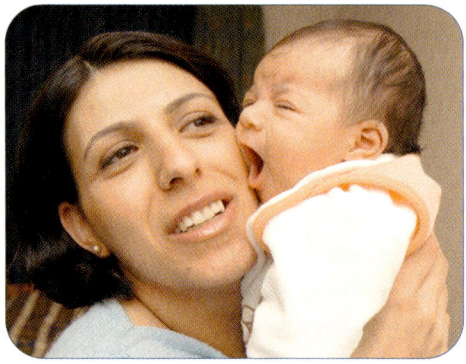

Genug gespielt: Calotta ...   *und Diana gähnen herzhaft.*

Vermehrte körperliche Unruhe

Wenn das Baby auf jedes Spielangebot nur ganz kurz reagiert und dann unruhig wird, wegschaut, einen starren Blick bekommt, unzufrieden erscheint ...

Geben Sie Ihrem Baby Gelegenheit, sich mit sich selbst oder mit seiner Umgebung zu beschäftigen

Überlassen Sie Ihr Kind im aufmerksamen Wachzustand auch mal für kurze Zeit sich selbst. Wichtig ist natürlich, dass Sie in seiner unmittelbaren Nähe sind. Obwohl es mit Spielzeug direkt noch nichts anfangen kann, liebt ihr Baby Dinge zum Anschauen. Hängen Sie deshalb Mobiles oder andere Gegenstände in sein Blickfeld oder lassen Sie es sich selbst im Spiegel betrachten. Vielleicht können Sie es auch so positionieren, dass es Ihnen bei der Hausarbeit oder Körperpflege zusehen kann. Wechseln Sie diese Anregungen häufig, so dass es immer etwas Neues zu entdecken gibt. Nach einem Schläfchen oder nach dem Füttern wird Ihr Baby an solchen Aktivitäten besonders viel Interesse haben, in den ersten Lebensmonaten jedoch meist nur für eine kurze Weile.

Glasiger Blick und/oder weit geöffnete Augen

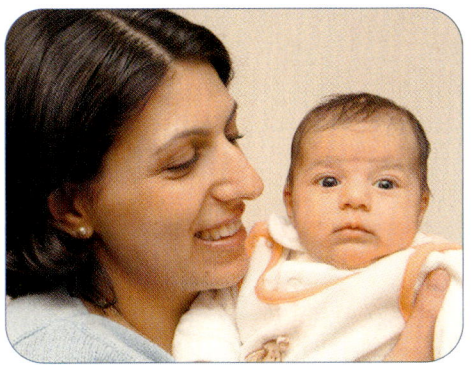

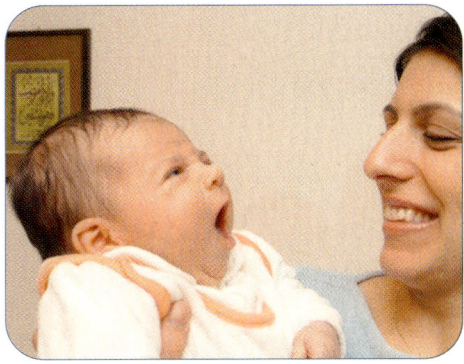

Nachdem die vierwöchige Diana ausgiebig mit ihrer Mutter gespielt hat, bekommt sie einen glasigen Blick.

Jetzt zeigt sie, was mit ihr los ist: Sie ist müde

und beginnt zu weinen, da sie nicht in den Schlaf findet.

Das Baby ist im ruhigen, aktiven oder Halbschlaf

Vergleichen Sie dazu die Abschnitte: Der kindliche Schlaf (S. 26 Merkmale einer guten Regulation des kindlichen Schlafs (S. 29 Das »Handling« des Babys (S. 38 ff.).

Das Baby ist im ruhigen Schlaf
In diesem Schlafstadium schläft es fest und ist wenig empfänglich für äußere Reize. Dies sind Zeiträume, die Sie für sich selbst nutzen können.

Das Baby ist im aktiven Schlaf
In diesem Schlafstadium ist das Baby durch laute Geräusche, Berührungen usw. leicht störbar. Gelingt es ihm dann nicht, sich selbst zu beruhigen und wieder einzuschlafen, quengelt oder schreit es. Erinnern Sie sich, dass ausgetragene Babys zu Beginn ihres Lebens ca. 50% im aktiven Schlaf verbringen, frühgeborene bis zu 80%.

Das Baby ist im Halbschlaf
Der Halbschlaf markiert den Übergang zum Schlaf oder zu einem der Wachzustände. Hat Ihr Baby vorher ausreichend geschlafen und getrunken, wird es wahrscheinlich gleich ganz wach werden und gut gelaunt sein. Es ist aber auch möglich, dass es zwar genug geschlafen hat, aber hungrig ist. Dann wird es gleich quengeln oder schreien. Vielleicht hat es aber auch gerade getrunken und ist müde und versucht jetzt einzuschlafen.

Das Baby quengelt oder schreit

Vergleichen Sie dazu die Abschnitte S. 48, 51 und 55.
Schreien ruft bei den Eltern Stressreaktionen und den Impuls hervor, sofort etwas zu tun, um es abzustellen. Typischerweise reagieren sie mit unspezifischen Beruhigungsmaßnahmen. Forschen Sie stattdessen nach den Ursachen und bilden Sie Hypothesen darüber, was Ihr Baby Ihnen mit seinem Quengeln und Schreien sagen will. Daraus wird sich ergeben, was Sie weiter tun.

Angesichts eines aus vollem Halse brüllenden Kindes über die Ursache seines Verhaltens nachzudenken ist nicht einfach, da das

Was bedeuten unruhige und schreckhafte Körperbewegungen?

Viele Eltern sind in Sorge über die unruhigen und schreckhaften Bewegungen ihres Babys. Manchmal fangen seine Ärmchen an, in die Höhe zu schnellen und zu zittern. Quengelt oder schreit es, zieht sein Kopf oder sogar sein ganzer Körper wie ein Flitzebogen nach hinten. Hierbei handelt es sich um *unwillkürliche Bewegungen*, die es nicht willentlich steuern kann.

Ist Ihr Baby gesund, sind solche Bewegungen völlig normal und auf seine motorische Unreife zurückzuführen. Manche Kinder haben damit größere Probleme als andere. Sie werden dadurch selbst irritiert und beim Schlafen gestört. Eine gebeugte Haltung, das Begrenzen seiner Arme und Beine sowie das Wickeln können zur Erleichterung beitragen (vgl. S. 42 f.).

Schreien das klare Denken beeinträchtigt. Sie finden leichter zu einer Problemlösung, wenn es Ihnen gelingt, die schwierige Situation mit etwas Abstand zu betrachten. Versuchen Sie, sich und Ihr quengeliges oder schreiendes Kind einen kurzen Moment lang so anzusehen, als seien Sie ein Zuschauer. Wie würden Sie beschreiben, was los ist?

Die Ursache herausfinden und eine spezifische und prompte Antwort geben

Stellen Sie nun Vermutungen darüber an, warum Ihr Baby jetzt quengelt oder schreit. Was ist die Ursache für sein Quengeln oder Schreien *in diesem Moment?*

Gehen Sie dann ganz spezifisch auf die von Ihnen vermuteten Bedürfnisse ein, und überprüfen Sie, wie ihr Kind reagiert. Verfahren Sie so lange in dieser Weise, bis es zufrieden ist oder schläft. Das folgende Beispiel soll diesen Prozess veranschaulichen.

Lara (8 Wochen) quengelt. Herr V. überlegt, wann sie zuletzt getrunken hat, und kommt zu dem Schluss, dass sie eigentlich keinen Hunger haben könnte. Aber da er unsicher ist, gibt er ihr die Flasche. Lara trinkt ein paar Schlückchen und quengelt weiter. Ob sie wohl ein Bäuerchen machen muss? Herr V. überprüft diese Hypothese und bietet ihr anschließend erneut die Flasche an. Lara bäumt sich nach hinten und signalisiert, dass sie keinen Hunger hat. Ihr Quengeln wird lauter. Herr V. sucht nach weiteren Ursachen für die Unruhe seines Kindes und wechselt schließlich die Windel. Aber auch das führt nicht zu einer Besserung von Laras Befinden. Vielleicht möchte sie spielen, denkt Herr V. Er legt sie auf seinen Schoß und versucht ein Zwiegespräch mit ihr zu führen. Aber Lara reagiert nicht auf seine lockenden Worte, sondern dreht den Kopf weg und beginnt, auf eine Lichtquelle zu starren. Jetzt ist sich Herr V. ganz sicher, was sein Kind ihm »sagt«: »Papa, ich bin müde.«

Im Folgenden soll auf häufige Ursachen des Quengelns und Schreiens und auf Handlungsmöglichkeiten eingegangen werden.

Warum promptes Reagieren, insbesondere auf Schreien, so wichtig ist

▶ Die Verhaltenszustände ändern sich bei jungen Babys sehr schnell. Reagieren Eltern unverzüglich auf Anzeichen von Quengeligkeit, können sie das übermäßige Schreien in vielen Fällen verhindern.

▶ Schreiende Babys werden von heftigen Affekten überflutet, die als sehr bedrohlich und beängstigend erlebt werden, da sie noch keinen Namen und kein Gesicht haben (Bion 1992). Da Säuglinge diese Affekte noch nicht allein bewältigen können, sind sie dringend auf einfühlsame Erwachsene angewiesen, die ihnen helfen, sie zu verstehen und zu regulieren.

▶ Zu Beginn ihres Lebens haben Kinder noch keine Vorstellung davon, dass Menschen und Dinge existieren, wenn sie sie nicht sehen, hören oder fühlen können. In der Fachsprache heißt das, sie haben noch keine Objektpermanenz. Dies beginnt sich erst im 2. Lebenshalbjahr langsam zu ändern. Deshalb sollten junge Babys nicht sich selbst überlassen sein, wenn sie lauthals schreien. Das bedeutet jedoch nicht, dass sie ununterbrochen umhergetragen oder immer beschäftigt werden müssen. Aber sie brauchen eine Reaktion auf ihr Weinen, um sich nicht hilflos und ausgeliefert zu fühlen.

▶ Babys setzen Reaktionen anderer nur dann in Beziehung zu ihrem eigenen Verhalten, wenn sie in einem kurzen Zeitintervall (d. h. »kontingent«) erfolgen. Nur prompte Reaktionen lösen bei ihnen das Gefühl aus, selbstwirksam zu sein und ihre kleine Welt, die in diesem Alter hauptsächlich aus den Bezugspersonen besteht, beeinflussen zu können.

▶ Manche Eltern haben Angst, einen kleinen Tyrannen heranzuziehen, wenn sie immer sofort auf die Äußerungen ihres Kindes reagieren. Eine solche Sorge ist unbegründet, denn Babys sind in den ersten vier Lebensmonaten noch nicht in der Lage, das Schreien bewusst zu steuern und gezielt einzusetzen, um die Eltern »herumzukommandieren«.

Beispiele für prompte, angemessene Reaktionen
Moritz, fünf Wochen alt, schreit, weil er Hunger hat. Seine Mutter versteht schnell, was er sagen möchte, und stillt ihn. Moritz macht so die Erfahrung, dass er in der Lage ist, eine Lösung seines Unwohlzustandes herbeizuführen.
Die sechzehnwöchige Elena ist ebenfalls hungrig. Ihre Mutter kann sie jedoch nicht sofort füttern, da sie gerade duscht. Sie ruft ihrer Tochter zu: »Gleich gibt es was zu trinken … Noch einen Moment … So, jetzt geht es los.« Auch Elena hat, obwohl ihr Bedürfnis erst verzögert befriedigt wurde, die Situation beeinflussen können, denn ihre Mutter hat sofort reagiert und beruhigend mit ihr gesprochen.

Das Baby hat Hunger

Vergleichen Sie dazu die Abschnitte: Regulation der Nahrungsaufnahme (S. 36); Merkmale einer guten Regulation der Nahrungsaufnahme (S.36); Das »Handling« des Babys (S. 38).

Wenn Sie zu der Vermutung gelangt sind, dass Ihr Baby quengelt oder schreit, weil es Hunger hat, geben Sie ihm jetzt eine möglichst befriedigende Mahlzeit, sowohl quantitativ als auch qualitativ. *Je angenehmer und liebevoller die Atmosphäre beim Stillen oder Füttern ist, desto wahrscheinlicher ist es, dass Ihr Baby auch trinken wird.*

Es ist natürlich leicht, entspannt und ruhig zu sein, wenn es sich um ein wohlgenährtes und grundsätzlich gut trinkendes Baby handelt. Schwerer fällt dies, wenn es schmächtig ist und andere Leute, vielleicht auch der Kinderarzt, schon gesagt haben, es müsse mehr trinken, da es sonst nicht gedeihen würde. Aus dieser Sorge heraus neigen Eltern dann manchmal dazu, den Kopf des Babys an die Brust oder Flasche zu pressen oder es auf andere Weise zum Trinken zu zwingen. Obwohl verständlich, ist dies genau der falsche Weg, denn das Baby wird darauf wahrscheinlich mit Verweigerung reagieren.

Brust oder Flasche?

Babys werden in den ersten Lebenswochen und -monaten meist voll gestillt oder mit der Flasche gefüttert. Die Muttermilch ist den Bedürfnissen des Kindes angepasst, da sie die richtigen Nährstoffe enthält, leicht verdaulich ist, Allergien vorbeugt und einen natürlichen Schutz gegen Infektionen bietet. Stillen hat viele Vorteile und kann ein zärtliches und befriedigendes Erlebnis für Mutter und Kind sein. Ist dies jedoch nicht der Fall, weil Mütter – aus welchen Gründen auch immer – kein gutes Gefühl dabei haben und/oder die Nahrungsaufnahme quälend und belastend ist, kann es ratsam sein, einen Wechsel zur Flasche zu überlegen. Auch ein »Flaschenkind« wird sich gut entwickeln, wenn es wie beim Stillen liebevoll gehalten und umsorgt wird.

Im folgenden Abschnitt möchte ich Ihnen Tim und seine Mutter vorstellen, die eine befriedigende Stillbeziehung haben. Anschließend werde ich auf Schwierigkeiten beim Stillen und Füttern eingehen.

Was tun, wenn das Stillen oder Füttern Schwierigkeiten bereitet?

Tim ist quengelig und wirkt, als könne er es kaum abwarten, an die Brust gelegt zu werden. »Ja, ja«, sagt seine Mutter, Frau S., »ich weiß, du hast großen Hunger. Ich beeile mich ja schon. Jetzt ist es so weit, na komm …« Gierig nimmt Tim die Brustwarze in den Mund und fängt intensiv an zu saugen. Sein Körper wird ganz ruhig, und langsame, rhythmische Saugbewegungen zeigen, dass es ihm schmeckt. Frau S. hält seine Hand und streichelt sie zärtlich. Tim schaut sie mit weit geöffneten Augen an, und ihre Blicke treffen sich. »Mhm, schmeckt das gut«, sagt Frau S. mit weicher Stimme, und Tim fährt mit dem Trinken fort. Nach ungefähr zehn Minuten wird er unruhig. Frau S. kommentiert, dass er ein Bäuerchen machen muss, und legt ihn an ihre Schulter. Beim Aufstoßen kommt etwas Milch hoch. »So ist es gut«, sagt Frau S. Dann legt sie ihren Sohn an die andere Brust. Nach einiger Zeit werden die Saugbewegungen langsamer, es entstehen kleine Pausen. Schließlich nuckelt Tim nur noch ein bisschen, und seine Äuglein fallen langsam zu.

Eltern wünschen sich solche beglückenden und befriedigenden Situationen wie die zwischen Tim und seiner Mutter. Manchmal aber kommt alles anders und das Baby möchte immer trinken (s.u.), oder das Baby möchte nicht trinken (S. 83).

Das Baby möchte immer trinken

Oskar schläft nach kurzer Zeit an der Brust ein. Frau K. wartet ein Weilchen und möchte ihn dann in sein Bettchen legen. Aber sobald sie sich bewegt, wacht Oskar schreiend auf. Frau K. seufzt und sagt: »So ist es immer. Sobald ich ihn von der Brust nehme, schreit er. Wenn ich ihn wieder anlege, schläft er nach wenigen Schlückchen ein.

Lege ich ihn dann ins Bett, schreit er wieder und will trinken. Den ganzen Tag ist er bei mir an der Brust, und nachts ist es auch nicht viel besser. Ich kann nicht mehr.«

Still- und Fütterprobleme lösen Ängste und Verunsicherung aus

Nach der Geburt wollen Eltern vor allem sicherstellen, dass ihr Kind wächst und gedeiht. Handelt es sich um ein ausgetragenes, wohlgenährtes Baby, das gut trinkt und zunimmt, tritt dieses Thema bald in den Hintergrund. Anders ist es jedoch, wenn es die Brust oder Flasche verweigert oder mangelernährt ist.

Bei der Ernährung geht es auch um existentielle Fragen. Deshalb lösen Still- und Fütterprobleme, insbesondere bei Müttern, schnell Ängste und Verunsicherung aus. Kein Wunder, dass sie manchmal Druck ausüben oder »ständig« mit Stillen beziehungsweise Füttern beschäftigt sind, wenn das Baby nicht genügend trinkt.

Solche Interaktionen sind in den ersten Lebensmonaten häufig. Vielleicht verhält sich Frau K. so, weil sie denkt, dass ihr Sohn nicht satt wird und deshalb schreit. Vielleicht hat sie die Erfahrung gemacht, dass das Stillen die schnellste Methode ist, ihn (zumindest für kurze Zeit) zu beruhigen. Oder sie bringt sein Weinen mit sich selbst in Verbindung, indem sie an ihren mütterlichen Kompetenzen zweifelt, sich von ihrem Sohn kritisiert fühlt oder Ähnliches.

Empfehlungen

▶ Versuchen Sie, Ihrem Baby eine gute Mahlzeit zu geben. Schläft es dabei nach ein paar Schlückchen ein, wecken Sie es sanft, indem Sie seinen Mund stimulieren, mit seinen Händchen spielen oder es kurz hochnehmen und vielleicht seine Windel wechseln. Versuchen Sie, es danach erneut anzulegen. Mit der Zeit wird Ihr Baby so lernen, mehr Nahrung zu sich zu nehmen, und Sie helfen ihm, seine Fähigkeit zur Regulation der Nahrungsaufnahme zu verbessern.

▶ Kinder bilden Erwartungen über die Abläufe des täglichen Lebens. Sind sie daran gewöhnt, beim Trinken einzuschlafen, werden sie schnell lernen, die Brust oder Flasche als Einschlafhilfe zu verwenden, und vielleicht schon nach wenigen Schlückchen in den Schlaf sinken. In solchen Fällen ist es hilfreich, Essen und Schlafen voneinander zu trennen. Sie können dies tun, indem Sie Ihr Baby nicht an der Brust oder Flasche einschlafen lassen und ihm eine andere Art des Einschlafens vermitteln.

▶ Nuckeln wirkt beruhigend und wird häufig als universeller Tröster eingesetzt. Versuchen Sie in einem solchen Fall, die wirkliche Ursache für das Unwohlsein Ihres Babys herauszufinden und ihm eine spezifische Antwort auf seine Bedürfnisse zu geben.

▶ Vielleicht erleben Sie das »ständige« innige Stillen oder Füttern mehr oder weniger bewusst auch als Möglichkeit, wie mit der Nabelschnur noch eine Weile ganz eng mit Ihrem Baby verbunden zu bleiben. Es kann helfen, wenn Sie sich innerlich damit auseinandersetzen und vielleicht auch betrauern, dass Sie und Ihr Kind nun getrennter voneinander sind als vor der Geburt.

▶ Reichen diese Ratschläge allein nicht aus, finden Sie individuelle Hilfe bei einer Fachberatung (s. S. 114).

Das Baby möchte nicht trinken

Melanie quengelt. »Sie muss hungrig sein«, sagt ihre Mutter, Frau M., »aber immer, wenn ich sie anlege, macht sie sich ganz steif, zieht den Kopf weg und schreit. Das macht mich völlig fertig. Manchmal versuche ich, ihren Kopf an meinen Busen zu drücken und die Brustwarze reinzuzwängen, aber dadurch wird es nur noch schlimmer.«

Der Kinderarzt hat die Eltern beruhigt. Melanie ist gesund und nimmt ausreichend zu. Dennoch verspürt Frau M. einen großen Druck und hat inzwischen schon richtig Angst vor dem Stillen. »Wenn ich nur daran denke, sie anlegen zu müssen, kriege ich Schweißausbrüche und mein Kopf fängt an zu pochen. Was soll ich nur tun?«

Manchmal entstehen solche Situationen, wenn nicht ausreichend Muttermilch vorhanden ist und mit der Flasche zugefüttert wird. Viele Babys gewöhnen sich dann – weil die Milch mit weniger Aufwand zugänglich ist – an die Flasche und verweigern nach einiger Zeit die Brust.

Empfehlung

Versuchen Sie die Muttermilchproduktion durch Entspannung und Flüssigkeitszufuhr zu erhöhen und nur noch die Brust zu geben. Oder steigen Sie ganz auf die Flasche um. Eine Stillberaterin wird Ihnen hierüber genauere Auskünfte geben.

Kinder können auch die Nahrung verweigern, wenn beim Stillen oder Füttern Druck ausgeübt wird. Sie speichern die Nahrungsaufnahme dann als unangenehme Erfahrung und versuchen, eine Wiederholung durch Essensverweigerung und Schreien abzuwenden. Je häufiger sie – beispielsweise durch Herandrücken des Kopfes – zum Trinken gezwungen werden, desto mehr festigen sich diese unangenehmen Erinnerungen und desto schwieriger wird sich das Stillen oder Füttern in der Zukunft gestalten.

Empfehlung

Erleben Sie das Füttern oder Stillen wie einen Kampf mit Ihrem Baby, können Sie – *nach Rücksprache mit Ihrem Kinderarzt* – Folgendes ausprobieren:

▶ Stellen Sie sicher, dass Ihr Baby Hunger hat, indem Sie ihm zwei bis drei Stunden keine Nahrung geben. Dann versuchen Sie, *ohne Druck* zu stillen oder zu füttern, so dass seine negativen Erfahrungen im Gehirn mit positiven, neuen »überschrieben« werden. Stellen Sie eine möglichst entspannte, positiv getönte Atmosphäre her. Ziehen Sie in Betracht, dass Ihr Kind beim ersten Versuch nichts oder nur wenig trinken wird, und bemühen Sie sich, das zu akzeptieren. Vertrauen Sie darauf, dass es, wie Melanie, bald trinken wird, da es ein inneres Streben nach Wachstum hat.

Melanie hatte ihre Stillerfahrung in ihrem Gedächtnis in etwa so gespeichert: »Wenn ich nicht trinken möchte, drückt Mami meinen Kopf an die Brust. Ich mag das nicht, drehe mich weg und schreie.« Anders als sonst begann Frau M. nun, die Brust mit weicher, »werbender« Stimme anzubieten (»mmh, lecker … na komm, meine Kleine …«), überließ es aber letztlich ihrer Tochter, ob und wie viel sie trinken wollte. Beim ersten Mal änderte sich nichts. Melanie schrie weiterhin, sobald sie die Brust sah, und trank nur wenig. Ihre Mutter blieb gelassen und versuchte, eine nette Atmosphäre herzustellen und mit ihrer Tochter zu plaudern. Schließlich begann Melanie zu trinken. Wenn sie könnte, würde sie ihre neue Erfahrung jetzt in folgende Worte fassen: »Wenn ich nicht trinken möchte, lässt mich Mami gewähren und wartet ab. Ich kuschel dann ein bisschen, und wir beide erzählen uns was. Irgendwann bekomme ich doch Hunger und fange an zu trinken. Wenn dann die warme, leckere Milch kommt, fühle ich mich so richtig wohl bei meiner Mama.«

Ein solches Vorgehen kann Eltern auf eine große Probe stellen. Sie möchten unbedingt erreichen, dass ihr Baby trinkt, wollen oder sollen aber keinen Druck ausüben. Diese beiden Strebungen scheinen unvereinbar zu sein. Dennoch gilt: *Zwang beim Stillen oder Füttern kann zu Essproblemen führen.*

Gelingt es Ihnen, Ihrem Baby in Ihrem tiefsten Innern wirklich eine Selbstbestimmung in der Nahrungsaufnahme zuzugestehen, wird es vermutlich sehr schnell darauf reagieren und freiwillig trinken. Manchmal ist dies jedoch leichter gesagt als getan, und Sie merken, dass Sie es nicht schaffen. Oder Sie glauben, ganz entspannt zu sein und keinen Druck auszuüben, aber Ihr Baby trinkt immer noch nicht genug. *Dann brauchen Sie fachlichen Rat.* Ihr Kinderarzt wird Ihnen sagen, wo Sie weitergehende Hilfe finden (s. auch S. 114).

Das Baby langweilt sich und möchte spielen

Vermuten Sie, dass Ihr Baby quengelt oder schreit, weil es sich langweilt und spielen möchte, finden Sie Anregungen dazu in den Abschnitten Das Baby ist wachund zufrieden (S. 29) und Bevorzugte Aktivitäten, wenn das Baby wach und zufrieden ist (S. 30). Quengelt es weiter, können Sie Langeweile oder Spielinteresse als Ursache ausschließen und sich erneut auf die Suche nach einem Grund machen.

Das Baby braucht eine neue Windel

Eine volle Windel ist selten der Grund für ausgeprägtes Quengeln oder Schreien.

Das Baby hat Bauchschmerzen (Blähungen)

Wurde Ihr Kind vom Kinderarzt als gesund befunden, können Sie Schmerzen als hauptsächlichen Grund für das Schreien getrost beiseiteschieben, auch wenn es aussieht, als hätte es Bauchschmerzen oder Blähungen (Geräusche im Bauch, verhärtete Bauchdecke, Überstreckung des Körpers, krampfartiges Anziehen der Beine, abgehende Winde und ein besonders schmerzhaft anmutendes Schreien, das trotz intensiver Bemühungen nicht zu beenden ist). Selbst bei den wenigen Babys (ca. 5%), bei denen ein gastroösophagealer Reflux diagnostiziert wird, führt eine medikamentöse Behandlung allein häufig nicht zu einer zufriedenstellenden Besserung des exzessiven Schreiens, da diese Babys darüber hinaus Selbstregulationsprobleme haben und diesbezügliche Hilfen benötigen.

Die Eltern haben Schuldgefühle

Manche Eltern sehen die Ursache für das übermäßige Schreien in einem psychologischen Zusammenhang. Einige denken, ihr Kind weine, weil es ungewollt war. Andere lehnen es vielleicht innerlich ab und fürchten, es könne dies spüren und sei deshalb unruhig. Oder sie meinen, ihr Baby schreie, weil es die schwierige Schwangerschaft oder Geburt noch nicht verarbeitet habe.

Vermuten Sie, dass Ihr Kind aufgrund solcher oder anderer psychologischer Gründe schreit, könnten Sie vielleicht mit ihm über Ihre Schuldgefühle sprechen. Es versteht den Inhalt zwar noch nicht, wird aber auf Ihre innere Entspannung reagieren. Vielleicht können Sie auch mit Ihrem Partner oder einer anderen Vertrauenspersonen über Ihre Sorgen und Gefühle reden, oder Sie suchen professionelle Hilfe auf. Ein Ratgeber wie dieser kann auf solche in hohem Maße individuellen Fragen, Ängste und anderen Gefühle nicht eingehen. Eine Fachkraft stellt sich ganz auf Sie und Ihre Sorgen ein und sucht mit Ihnen gemeinsam nach einer Lösung (s. S. 114)

Das Baby ist müde

Vergleichen Sie dazu die Abschnitte: Der kindliche Schlaf (S. 26); Merkmale einer guten Regulation des kindlichen Schlafs (S. 29); Das »Handling« des Babys (S. 38).

Sind Sie zu der Überzeugung gekommen, dass Ihr Baby aus Müdigkeit weint, geht es jetzt darum, ihm den Weg in den Schlaf zu ermöglichen. Das ist manchmal leichter gesagt als getan, denn *exzessiv schreiende Babys sind häufig übermüdete Babys,* die – wie auf S. 51 ff. ausgeführt – im Vergleich zu anderen Kindern

▶ insgesamt weniger schlafen;

▶ länger (manchmal Stunden) brauchen, bis sie eingeschlafen sind;

▶ nur mit aufwendigen elterlichen Hilfen in den Schlaf finden;

▶ kürzere Schlafphasen haben;

▶ nachts häufiger aufwachen und länger wach sind;

▶ tagsüber nur kurze Nickerchen machen;

▶ Wachphasen von geringerer Qualität haben – statt aufnahmefähig und interaktionsbereit zu sein, neigen sie, häufig aus Übermüdung, zu vermehrtem Quengeln und Schreien.

Ihr Baby schläft am besten, wenn Sie ihm möglichst gleich bleibende Erfahrungen bezogen auf alle wesentlichen Aspekte des Schlafens vermitteln. Es möchte wissen, wo und in welcher Position es hingelegt wird, wie seine Schlafumgebung aussieht, welche Rituale das Schlafen einleiten, ob es selbständig einschlafen soll oder mit Ihrer Hilfe und ob es einen Schnuller bekommt oder nicht. Es kennt zwar keine Uhrzeit, merkt sich aber so etwas wie: »Nach dem Spiel bekomme ich eine neue Windel, und dann schlafe ich an der Brust (Flasche) ein.« Oder: »Nach dem Bad legen mich Mama oder Papa in mein Bettchen, geben mir einen Schnuller, machen die Spieluhr an und gehen raus.« Ihr Baby speichert seine Erfahrungen in seinem Gedächtnis und erwartet, dass sie auch in Zukunft in der gleichen Weise eintreten. Wird ihnen nicht entsprochen, quengelt oder schreit es. Es tut dies auch, wenn Sie seine Schlafgewohnheiten ändern. Nach zwei oder drei Malen wird es sich jedoch darauf eingestellt haben und nicht mehr weinen.

Empfehlungen zu Schlafposition und Schlafumgebung

Epidemiologische Untersuchungen Anfang der Neunziger-
jahre haben ergeben, dass das Risiko »plötzlicher Kindstod«
durch die *Rückenlage* des schlafenden Säuglings und die
Gestaltung seiner Schlafumgebung deutlich reduziert werden kann. Nationale und internationale Fachverbände geben unter anderem folgende Empfehlungen dazu (Deutsche
Gesellschaft für Kinderheilkunde und Jugendmedizin 2000):

▶ Babys sollten zum Schlafen nach Möglichkeit auf den
Rücken ins Bettchen gelegt werden.
Hinweis: Diese Empfehlung bezieht sich nur auf das
Schlafen. Für die motorische Entwicklung ist es günstig,
wenn Säuglinge im Wachzustand und in Anwesenheit
ihrer Bezugspersonen auch Erfahrungen in der Bauchlage
machen.

▶ Babys sollten so ins Bett gelegt werden, dass ihr Kopf
nicht durch Bettzeug oder Kissen bedeckt werden kann.

▶ Raumtemperatur und Bettdecke sollten angenehm, d. h.
weder zu warm noch zu kalt sein.

▶ Schlafen Sie nicht mit Ihrem Baby in einem Bett, wenn Sie
Alkohol oder bewusstseinstrübende Medikamente oder
Drogen genommen haben.

▶ Wenn Sie Ihr Baby nah bei sich haben möchten, könnten
Sie sein Bettchen unmittelbar an Ihres stellen oder in Ihrem Bett einen abgetrennten Schlafplatz herrichten.

In Rückenlage neigen Babys – insbesondere in Unruhezuständen – vermehrt zu Zitter- und Schreckreaktionen sowie zur
Überstreckung. Deshalb kommen sie besser zur Ruhe, wenn
sie Bettchen haben, in denen nicht viel Platz ist oder wenn sie
zum Schlafen in ein Tuch eingewickelt werden (s. S. 40 f.).

Was tun, wenn das Schlafen Schwierigkeiten bereitet?

In den ersten Lebensmonaten klagen Eltern hauptsächlich über
fünf Arten von Schlafproblemen:

▶ Das Baby schläft zu wenig (s.u.);

▶ das Baby hat keinen Rhythmus (S. 91);

▶ das Baby macht die Nacht zum Tag und den Tag zur Nacht (S. 93);

▶ das Baby hat Schwierigkeiten, einzuschlafen (S. 93), und

▶ das Baby wacht nach kurzer Zeit wieder schreiend auf (S. 106).

Das Baby schläft zu wenig

»Alina quengelt von morgens bis abends. Obwohl sie müde ist, will sie tagsüber nicht schlafen. Wenn wir Glück haben, kommt sie manchmal im Kinderwagen etwas zur Ruhe. Ansonsten döst sie nur mal hier und da ein paar Minuten auf dem Arm ein.«

Empfehlungen

Errechnen Sie, wie viele Stunden Ihr Baby schläft (im Anhang finden Sie ein Formblatt zur Führung eines Schlafprotokolls).

Wie auf S. 27 ausgeführt, schlafen Neugeborene in 24 Stunden durchschnittlich 16–18 Stunden, drei- bis viermonatige Kinder noch mindestens 14–15 Stunden. Schläft Ihr Baby deutlich weniger, versuchen Sie, seine Schlafmenge zu erhöhen. Achten Sie dabei auf fruhe Zeichen von Mudigkeit und arbeiten Sie dann systematisch daran, dass es lernt, problemlos ein- und längere Zeit durchzuschlafen. Anregungen dazu finden Sie weiter unten.

> **Je mehr ein Baby schläft, desto mehr schläft ein Baby**
> Dieser Satz mutet merkwürdig an. Gemeint ist damit Folgendes: Die Chance, dass ein kleines Kind gut und ausdauernd schläft, erhöht sich, wenn es keine übermäßig langen Wachphasen hat und regelmäßig schläft. Manche Eltern denken, ihr Baby würde abends besser zur Ruhe kommen, wenn es den ganzen Tag wach war. Es ist umgekehrt! Ein Baby, das am Tag in regelmäßigen Abständen geschlafen hat, schläft auch nachts besser.

Das Baby hat keinen Rhythmus

»Ich bin den ganzen Tag am Stillen. David will immer an die Brust, trinkt aber nur ein paar Schlückchen und schläft ein. Sobald ich ihn in seine Wiege legen will, brüllt er wie am Spieß, und ich muss ihn wieder anlegen. Nachts ist es auch nicht viel besser. Manchmal ist er dann mehrere Stunden wach und möchte spielen.«

Empfehlungen

Erwarten Sie nicht, dass Ihr Baby allein einen Rhythmus findet, es wäre damit überfordert. Sorgen Sie für einen geregelten Tagesablauf:

▶ *Helfen Sie ihm, eine gute Mahlzeit zu sich zu nehmen, die für mehrere Stunden sättigt.* Anregungen dazu finden Sie auf S. 80 ff..
   Versuchen Sie, frühzeitig festzustellen, wann es müde ist. Achten Sie auf Müdigkeitssignale (s. S. 74) und sorgen Sie dann dafür, dass es schläft. Typischerweise zeigen Babys in den ersten Lebenswochen und -monaten bereits ein bis zwei Stunden nach dem morgendlichen Erwachen, dass sie wieder müde sind. Nehmen Sie diese Signale ernst! Es ist leichter, ein Kind, das etwas müde ist, zum Schlafen zu bringen, als ein übermüdetes.

▶ *Entscheiden Sie, wie Ihr Baby in den Schlaf finden soll, und vermitteln Sie ihm dies in immer gleicher Weise (s. S. 98).*

▶ *Wacht es nach kurzer Zeit wieder auf, versuchen Sie, die Schlafenszeiten zu verlängern.*

▶ *Arbeiten Sie darauf hin, die Gesamtschlafenszeit auf ca. 16–18 Stunden bei Neugeborenen und 14–15 Stunden bei drei- bis viermonatigen Kindern zu erhöhen (s. S. 27).*

▶ *Verhalten Sie sich nachts anders als am Tag (s. S. 93).*

▶ *Nutzen Sie die Zeiten, in denen Ihr Baby tagsüber in einem aufmerksamen Wachzustand ist, für Zwiegespräche und einfache »Spiele« (Seite 30 ff.).*
   Kinder möchten in Zeiten wacher Aufmerksamkeit auch etwas erleben. So freuen sie sich über regelmäßige kurze Spielsequenzen, beispielsweise beim Wickeln, nach dem Aufwachen und

vor dem Schlafengehen. Untersuchungen haben gezeigt, dass solche Spielsequenzen einen positiven Einfluss auf das Schlafen haben.

Wenn Sie in dieser Weise vorgehen, werden Sie nach kurzer Zeit ein Baby haben, das zu vorhersagbaren Zeiten müde wird und einen Rhythmus entwickelt.

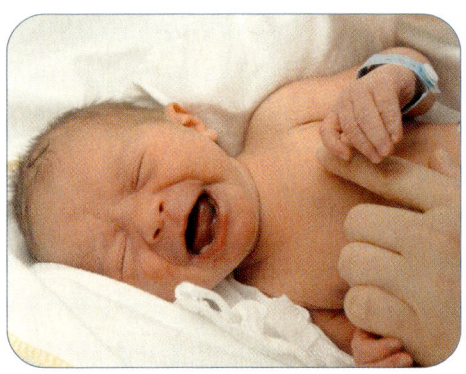

Berat-Ethem, zwei Tage alt, schreit, und sein Kopf streckt sich nach hinten.

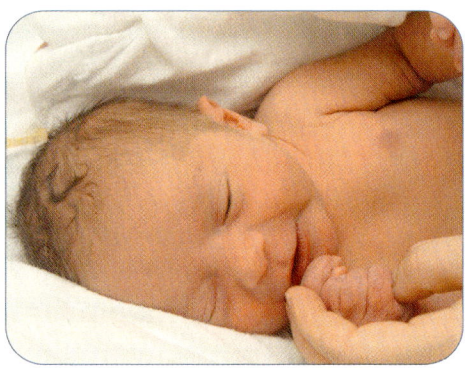

Seine Mutter hilft, indem sie seinen Kopf, seine Schultern und seine Hüften mit der rechten Hand leicht nach vorn schiebt.

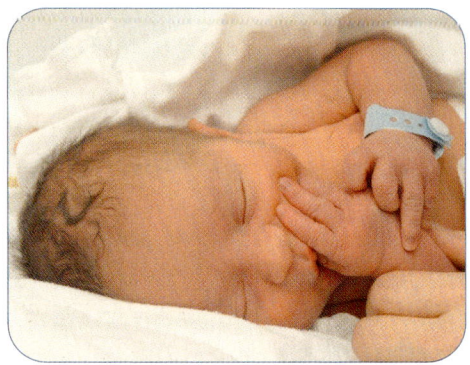

In dieser gebeugten Haltung kann Berat-Ethem seine Hand leichter finden und beginnt, sich zu beruhigen.

Daumen oder Schnuller

Neugeborene sind mit einem Hand-zu-Mund-Reflex (dem Babkin-Reflex) ausgestattet. Er hilft ihnen, sich selbst zu beruhigen. Das Lutschen am Daumen ist somit ein gesundes, angeborenes Verhaltensmuster, mit dem sich das Baby tröstet. In der gebeugten Haltung findet es seine Hand leichter, wie auf den Fotos zu sehen ist.

Sowohl Daumen als auch Schnuller helfen dem Baby, sich selbst zu beruhigen. Entscheiden Sie, ob Ihr Kind einen Schnuller haben oder lieber den Daumen nehmen soll.

Das Baby macht die Nacht zum Tag und den Tag zur Nacht

»Max schläft den überwiegenden Teil des Tages und ist nachts über viele Stunden hinweg munter.«

Der kleine Max hat noch keinen Tag-Nacht-(»zirkadianen«) Rhythmus entwickelt und muss erst lernen, den größten Teil der Schlafenszeit in die Nacht zu verlegen und am Tag länger wach zu sein.

Empfehlungen

▶ Verhalten Sie sich nachts anders als am Tag. Machen Sie beim Stillen oder Füttern beispielsweise kein helles Licht und signalisieren Sie Ihrem Baby in allem, was Sie tun, dass jetzt keine »Spielzeit« ist.

▶ Wecken Sie es tagsüber häufiger und spielen Sie mit ihm.

Nach einer Weile wird Ihr Baby so einen Tag-Nacht-Rhythmus entwickelt haben, indem es nachts deutlich mehr schläft als am Tag.

Das Baby hat Schwierigkeiten einzuschlafen

»Hannah gähnt und quengelt und hat vor Müdigkeit schon ganz rote Augen, aber sie will nicht schlafen. Sobald wir sie in ihr Bettchen

legen, geht das Gebrüll los. Dort lässt sie sich überhaupt nicht beruhigen. Irgendwann nehmen wir sie dann wieder raus und spielen noch ein bisschen. Aber dabei ist sie auch nicht zufrieden. Dann geben wir ihr noch mal etwas zu trinken und tragen sie in der Wohnung herum. Wenn sie auch dabei nicht einschläft, geht meine Frau mit ihr ins Bett …«

Eltern haben manchmal das Gefühl, ihr Kind würde sich gegen den Schlaf wehren und ihn mit allen Mitteln bekämpfen, obwohl es müde ist. Sie verbringen oft Stunden damit, es auf vielfältige Weise zum Schlafen zu bewegen, und fragen sich, warum keine Ruhe eintritt, obwohl sie sich doch so viel Mühe geben. Babys wie Hannah mangelt es an eindeutigen, wiederkehrenden Schlaferfahrungen. Das Einschlafen folgt keinem vorhersagbaren Muster, sondern tritt irgendwann aufgrund von Erschöpfung ein.

Empfehlung

Vermitteln Sie Ihrem Baby gleich bleibende Erfahrungen bezogen auf alle wesentlichen Aspekte des Schlafens:

▶ Wo soll es schlafen?
▶ In welcher Schlafposition und -umgebung?
▶ Nach welchem Ritual?
▶ Mit oder ohne Schnuller?
▶ Selbständig oder mit Ihrer Hilfe?

Soll Ihr Baby mit Ihrer Hilfe oder selbständig einschlafen?

Die meisten Eltern haben eine gefühlsmäßige Meinung zu der Frage, ob ihr Kind schon von Geburt an allein in seinem Bettchen zur Ruhe kommen soll oder erst später. Die einen lassen es auf dem Arm, an der Brust/Flasche usw. einschlafen, die anderen legen es häufiger auch mal wach hin. Entsprechend werden die Babys der erstgenannten Gruppe mit der Zeit lernen und erwarten, mit Hilfe ihrer Eltern in den Schlaf zu finden, während die zweite Gruppe ganz selbstverständlich davon ausgeht, dass sie das Einschlafen selbst herbeiführt.

Treffen Sie eine klare Entscheidung, wie Ihr Baby einschlafen soll. Kinder spüren die Gefühle ihrer Eltern. Wenn Sie innerlich dahinterstehen, werden Sie Ihrem Baby schnell beibringen können, allein zur Ruhe zu kommen. Löst dies jedoch Unbehagen in Ihnen aus, wird es auf Ihre Anspannung reagieren und weinen.

Argumente für und gegen das frühe selbständige Einschlafen
Eher dafür: Nimmt das Einschlafen mit Ihrer Hilfe übermäßig viel Zeit in Anspruch und neigt Ihr Baby dazu, nach kurzer Zeit wieder schreiend aufzuwachen, möchten Sie vielleicht etwas Neues ausprobieren und ihm das selbständige Einschlafen beibringen. Dies gilt insbesondere, wenn Sie wenig Unterstützung haben, übermüdet sind und merken, wie Sie zunehmend angespannt und wütend werden. Dafür spricht natürlich auch, wenn Sie aus anderen Gründen meinen, dass es gut für Sie und Ihre Familie wäre, wenn Ihr Kind allein in den Schlaf fände (etwa, weil Sie mehr Zeit für sich brauchen oder mit Ihrem Partner oder einem Geschwisterkind verbringen möchten).

Eher dagegen: Klappt das Einschlafen mit Ihrer Hilfe jedoch problemlos und schläft Ihr Baby dann längere Zeit durch, möchten Sie zum gegenwärtigen Zeitpunkt vielleicht nichts ändern. Auch wenn Sie schon seit längerem versucht haben, ihm das selbständige Einschlafen beizubringen und dabei keinen Erfolg hatten, kann es entlastend sein, ihm zunächst mehr Hilfe zu geben. Dies führt häufig zu einem entspannteren Verhältnis zum Kind, so dass mehr Ruhe einkehrt.

Nehmen Sie sich Zeit, zu überlegen, wie Ihr Baby einschlafen soll und besprechen Sie sich mit Ihrem Partner. Es ist wichtig, dass es eine von beiden Eltern getragene Entscheidung ist, die den eigenen Gefühlen nicht zuwiderläuft, da das Baby sonst unklare Botschaften bekommt, die es verwirren. Im Folgenden soll auf beide Einschlafvarianten näher eingegangen werden.

Das Baby soll mit Ihrer Hilfe einschlafen

Vermitteln Sie Ihrem Kind in gleich bleibender Weise, mit welchen Hilfen es in den Schlaf finden soll. Nehmen Sie es beispielsweise immer auf den Arm oder geben Sie ihm immer etwas zu trinken, wenn es müde ist, und lassen Sie es dabei einschlafen. Neigt es dazu, schreiend aufzuwachen, wenn Sie es anschließend hinlegen, warten Sie damit so lange, bis es tiefer eingeschlafen ist.

Auf diese Weise weiß Ihr Baby nach einiger Zeit: »Wenn ich müde bin, nimmt mich Mama oder Papa auf den Arm, und ich schlafe dort ein.« Oder: »Ich schlafe immer beim Trinken ein.« Nach kurzer Zeit hat es diesen Ablauf in seinem Gedächtnis gespeichert und erwartet ihn bei jedem Einschlafen, also auch dann, wenn es später wieder aufwacht und weiterschlafen möchte. Eltern, die sich für diese Variante entscheiden, müssen bereit sein, ihre anfängliche Hilfe bei Bedarf auch zum Wiedereinschlafen zur Verfügung zu stellen.

Sie können Ihr Baby auch an zwei verschiedene Einschlafarten gewöhnen: *zu Hause* beispielsweise immer an der Brust (Flasche), *außer Haus* im Kinderwagen oder beim Autofahren. Aber je mehr Variationen Sie einführen, desto schwieriger kann es werden.

Durch dieses Vorgehen wird das Einschlafen besser vorhersagbar für Ihr Kind, und es wird weniger schreien, da das, was Sie tun, seinen Erwartungen entspricht.

Das Baby soll selbständig einschlafen

Die folgenden häufig angewandten Methoden sind ungeeignet, Ihrem Baby das selbständige Einschlafen beizubringen:

▶ das Baby so lange schreien zu lassen, bis es vor Erschöpfung einschläft. Hiervon ist dringend abzuraten, da ein Baby aufgrund mangelnder Objektpermanenz nicht weiß, dass es seine Eltern weiterhin gibt, wenn es sie nicht sieht, hört oder spürt (s. S. 78);

▶ es nach einem Ritual allein ins Bettchen zu legen und bei Schreien in Intervallen sein Zimmer zu betreten, um ihm kurz zu zeigen, dass Sie noch da sind. Diese für ältere Kinder vorgeschlagene Methode ist für das erste Lebenshalbjahr nicht zu empfehlen, da auch hierfür die Objektpermanenz des Babys nicht ausreicht;

▶ so lange neben seinem Bett sitzen zu bleiben, bis es eingeschlafen ist. Dies wäre kein selbständiges Einschlafen, da sich das Baby an Ihre Anwesenheit gewöhnen und sie bei jedem Einschlafen erwarten würde.

Wo liegt die Lösung?

Empfehlung

Werden Sie eine gute Schlaflehrerin bzw. ein guter Schlaflehrer und geben Sie Ihrem Kind *so viel Hilfe wie nötig beim Einschlafen, aber so wenig wie möglich.* Das heißt: Geben Sie ihm eine Chance, selbständig zur Ruhe zu kommen, aber helfen Sie ihm, sobald Sie sehen, dass es allein nicht zurechtkommt.

Eltern fragen manchmal, wer von ihnen der »Lehrer« sein soll und ob sie sich abwechseln können. Es sollte die Person tun, die es sich gefühlsmäßig am ehesten zutraut und davon überzeugt ist, dem Baby damit etwas Gutes zu tun. Trifft dies auf beide Elternteile zu, können sie sich natürlich auch abwechseln.

Schaffen Sie günstige Voraussetzungen

▶ *Das Baby muss müde sein.* Dies ist gegeben, wenn es schon längere Zeit wach ist und Zeichen von Müdigkeit zeigt (s. S. 74).

▶ *Das Baby muss satt sein.* Bieten Sie vorsichtshalber noch einmal die Brust oder Flasche an, um auszuschließen, dass es nach kurzer Zeit wieder aufwacht, weil es hungrig geworden ist.

▶ *Trennen Sie Essen und Schlafen voneinander.* Mit zunehmendem Alter können Sie damit beginnen, Ihr Baby leicht anzustoßen, wenn es durch einen glasigen Blick, Nuckeln (statt Trinken) oder halbgeschlossene Augen signalisiert, dass es gleich einschlafen wird. Auch durch Wechseln der Windel können Sie es wach halten. Fahren Sie dann mit dem Stillen oder Füttern fort.

▶ *Dem Baby vorher alles geben, was es brauchen könnte.* Vielleicht möchten Sie noch einmal mit ihm kuscheln? Tun Sie alles, was es Ihrer Einschätzung nach brauchen könnte, um mehrere Stunden schlafen zu können. Wichtig ist Ihr Gefühl, alles getan zu haben, um zu gewährleisten, dass Ihr Kind jetzt eine Weile allein zurechtkommt.

▶ Das Baby ggf. in ein großes Tuch einwickeln, um seine unwillkürlichen Körperbewegungen einzudämmen (s. S. 41).

Der »Schlafunterricht«

Wenn Sie *von Geburt an* damit beginnen möchten, Ihr Baby an das selbständige Einschlafen heranzuführen, legen Sie es, sobald es zeigt, dass es müde ist, nach einer zärtlichen Verabschiedung in gesättigtem Zustand liebevoll in sein Bett (entweder immer mit oder immer ohne Schnuller). Wickeln Sie es in ein Tuch oder begrenzen Sie es eng mit der Decke. Anfangs werden ihm meist schon beim Trinken die Äuglein zugefallen sein.

 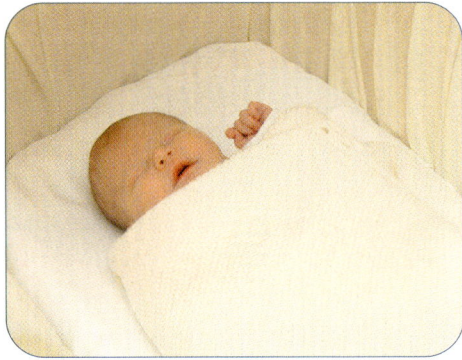

Legen Sie Ihr Baby nach einer zärtlichen Verabschiedung liebevoll in sein Bettchen.

Wird Ihr Baby nach dem Hinlegen unruhig, warten Sie einen kurzen Moment ab, ob es sich allein helfen kann. Ist das nicht der Fall, umhüllen Sie es breitflächig mit den Händen, um seine unwillkürlichen Bewegungen einzudämmen, und sprechen Sie tröstend mit ihm, bis es ruhiger wird. Gelingt dies nicht, können Sie versuchen, es im Bettchen liegend in den Arm zu nehmen, um es noch mehr zu stabilisieren. Wird es auch dabei nicht ruhig, ist es anfangs vielleicht notwendig, es nochmal kurz hochzunehmen, um es dann, wenn es ruhiger geworden ist, erneut hinzulegen. Wichtig ist, dem Baby zunehmend weniger Hilfestellung beim Einschlafen zu geben und es mit der Zeit daran zu gewöhnen, nicht mehr beim Trinken einzuschlafen, sondern allein im Bett.

In den ersten Lebenswochen akzeptieren die meisten Kinder ein solches Vorgehen problemlos und lernen schnell, selbst zur Ruhe zu kommen. Nach kurzer Zeit haben sie dieses „Alleine-Einschlaf-Ritual" in ihrem Gedächtnis gespeichert und erwarten es jedes Mal, wenn sie müde sind. Die Eltern können es zunehmend wach hinlegen und eigenen Dingen nachgehen. Ruhe kehrt ein.

Die Situation ist eine andere, wenn Sie erst später damit beginnen, Ihr Baby an das selbständige Einschlafen zu gewöhnen. Legen Sie es dann plötzlich wach in sein Bettchen, weiß es gar nicht, was Sie von ihm wollen. Seine kleine Welt funktioniert anders als erwartet, und es reagiert folgerichtig mit Schreien.

Sie können in etwa folgendermaßen vorgehen:
Legen Sie Ihr müdes und sattes, eventuell in ein Tuch gewickeltes Baby liebevoll auf den Rücken in sein Bettchen. Dies ist eine neue Situation. Ihr Kind wird vermutlich eine der folgenden Reaktionen zeigen:

▶ Vielleicht liegt es anfänglich eine Weile ruhig da und beginnt dann, heftig mit Armen und Beinen zu rudern und ein bisschen zu quengeln. Wenn Sie ein wenig abwarten, kann es sein, dass es einen glasigen Blick bekommt, Saugbewegungen mit dem Mund macht (Trockensaugen) oder kräftiger an seinem

Schnuller nuckelt. Sie erkennen die auf Seite 43 ff. dargestellten selbstregulativen Fähigkeiten Ihres Kindes. Auf diese Weise schläft es möglicherweise schon beim ersten Versuch friedlich ein. Ein solcher Verlauf ist in den ersten Lebenswochen am wahrscheinlichsten.

▶ Möglicherweise quengelt es jedoch sofort, schafft es dann aber, sich zu beruhigen, und wird einige Minuten später erneut unruhig. Wenn es Ihnen gelingt, wieder ein wenig abzuwarten, beruhigt es sich vielleicht ein weiteres Mal, zum Beispiel, indem es eine Lichtquelle fokussiert. Vielleicht schläft es dabei ein, oder es fängt irgendwann an zu weinen.

▶ Es kann auch sein, dass Ihr Baby sofort beim Hinlegen aus vollem Halse schreit oder nach kurzer Zeit in einen solchen Zustand gelangt.

Überprüfen Sie vor jeder Hilfestellung, ob Ihr Kind wirklich schon Unterstützung braucht. Werden Sie nur aktiv, wenn es durch lautes Schreien signalisiert, dass es allein nicht weiterkommt. Aus meiner Sicht können Sie bei folgenden Signalen noch abwarten:

▶ *Wenn es längere Zeit wach und ruhig im Bettchen liegt*
Vielleicht können Sie das nur schwer aushalten und fragen sich, ob Ihr Baby überhaupt müde ist und sich wohl fühlt. Wenn es in der Lage ist, seinen Körper ruhig zu halten und sich auf sich selbst zu besinnen, ist dies eine Voraussetzung dafür, dass es allein in den Schlaf gleiten kann. Auch ältere Kinder und Erwachsene schlafen ja nicht immer sofort ein, sondern liegen erst noch ein Weilchen wach.

▶ *Wenn es körperlich unruhig ist und ein bisschen quengelt, auch wenn das längere Zeit andauert*
Ihr Kind zeigt Ihnen so, dass es sich selbst zu helfen sucht. Vielleicht findet es ja gleich eine bequeme Position, aus der heraus es einschlafen kann.

▶ *Wenn es kurz aufschreit, wieder ruhig wird, wieder aufschreit, wieder ruhig wird …*

Indem es immer wieder mit dem Schreien aufhört, teilt Ihr Baby mit, dass es sich in gewisser Weise beruhigen kann und an dem Problem arbeitet.

Anders ist die Situation, wenn Ihr Baby laut schreit und Ihnen das Gefühl vermittelt, dass es sich allein nicht beruhigen kann. Warten Sie auch jetzt einen kleinen Moment ab, um zu überprüfen, ob es nicht doch noch selbst zu einem ruhigeren Verhaltenszustand zurückfindet. Ist das nicht der Fall, schlage ich ein Vorgehen nach dem Motto *»So viel Hilfe wie nötig, aber so wenig wie möglich«* vor.

Gestaffelte Arten der Hilfestellung, wenn Ihr Kind aus vollem Halse schreit.

► Geben Sie ihm zunächst gerade so viel Unterstützung, dass es ruhiger wird. Probieren Sie beispielsweise, ob es ausreicht, wenn Sie mit ihm sprechen und Ihre Hand auf seine Brust legen. Dadurch wird seine Tendenz, in die Überstreckung zu gehen, gehemmt. Hört es auf zu schreien, können Sie Ihre Hand langsam entfernen und beobachten, ob es sich jetzt allein weiterhelfen kann. Vielleicht gelingt ihm dies für einige Minuten (was schon ein Erfolg wäre), und es fängt danach erneut zu weinen an. Versuchen Sie es noch einmal in dieser Weise, und wenn es klappt, ein weiteres Mal …

► In vielen Fällen reicht eine solche Hilfestellung allein jedoch nicht aus, und das Kind schreit weiter. Falls es nicht gewickelt ist und sehr stark mit Armen und Beinen rudert, versuchen Sie, diese großflächig mit Ihren Händen zu begrenzen. Das ist nicht einfach und mag sich anfühlen, als bräuchten Sie mehr als zwei Hände. Selbst wenn Sie Ihr Baby gewickelt haben, kann es jetzt hilfreich sein, ihm durch Begrenzung seiner Arme und Beine noch mehr Halt zu geben. Wird es ruhiger, können Sie Ihre Hände langsam entfernen und abwarten, ob es alleine weitermachen kann. Eventuell muss auch dieser Vorgang mehrfach wiederholt werden.

▶ Manche Kinder lassen sich auf diese Weise allein jedoch noch nicht beruhigen, insbesondere dann nicht, wenn sie beim Schreien stark in die Überstreckung gegangen sind. Dann können Sie Folgendes probieren:

Legen Sie Ihr (gewickeltes) Baby auf die Seite, mit dem Rücken gegen die Wand des Bettes. Bringen Sie es dabei in eine leicht gebeugte Haltung, mit dem Kopf Richtung Brust. Winkeln Sie seine Beine leicht an und halten Sie es in dieser Position. Auch hierbei gilt wieder:

Sowie das Baby ruhig und entspannt ist, nehmen Sie Ihre Hände weg und reduzieren Ihre Hilfe. Schreit es erneut, wiederholen Sie dieses Vorgehen. Drehen Sie Ihr Kind nach dem Einschlafen auf den Rücken.

▶ Führt auch das nicht zum Erfolg, kann es notwendig sein, alle Ihnen zur Verfügung stehenden Beruhigungsmaßnahmen gleichzeitig aufzubieten. Dazu gehört, Ihr Baby im Bettchen liegend im Arm zu halten, es zu streicheln und liebevoll mit ihm zu sprechen oder zu singen (»Ja, ja … es ist alles gut … Mama ist ja da … ja, ja …«). Sie können seinen Schnuller ein bisschen im Mund festhalten, damit er nicht immer rausfällt.

Gelingt es Ihnen, einigermaßen zuversichtlich zu bleiben, wird sich Ihre Ruhe nach einer Weile auf Ihr Baby übertragen, und es wird langsam weniger weinen und schließlich ganz aufhören. Vielleicht haben Sie dann den Mut, Ihre Unterstützung ein wenig zu reduzieren. Möglicherweise beginnt Ihr Baby jedoch nach wenigen Minuten erneut zu schreien. Warten Sie wieder einen kurzen Moment. Kann es sich allein nicht helfen, benötigt es erneut Unterstützung. Diesmal wird es sich wahrscheinlich schon schneller beruhigen.

Ein solcher wellenförmiger Prozess von Schreien–Ruhe–Schreien–Ruhe kann sich mehrmals wiederholen. Schließlich wird Ihr Baby einschlafen. Manchmal kann es beim ersten Mal erforderlich sein, die Hilfen so lange auszudehnen, bis es schläft. Damit es sich nicht daran gewöhnt, versuchen Sie beim nächsten Mal, weniger Unterstützung zu geben. Vielleicht können Sie es dann schon wach hinlegen und sofort weggehen.

▶ Falls Sie die Zuversicht verlieren, weil Ihr Kind auch mit diesen vielen Hilfen im eigenen Bettchen nicht ruhig wird, möchten Sie es das erste Mal vielleicht auf dem Arm beruhigen, um es anschließend erneut wach hinzulegen.

▶ *Führt auch das nicht zum Erfolg, ist es für Sie und Ihr Baby gegenwärtig vielleicht nicht der richtige Zeitpunkt, das selbständige Einschlafen zu üben, oder Sie benötigen mehr Hilfestellung, als ein allgemeiner Ratgeber geben kann. Das individuelle Gespräch mit einer Fachkraft wird Ihnen weiterhelfen (s. S. 114).*

Sagt Ihnen die beschriebene Methode zu, wird Ihr Baby schnell lernen, selbständig in den Schlaf zu finden. Es ist schwer, genaue Zeitangaben zu machen. In meinen *»BabyLeseStunden«* rechne ich beim ersten Mal mit ca. 10–20 Minuten bei bis zu sechswöchigen Kindern und mit bis zu 30 Minuten bei drei- bis viermonatigen. Es kann jedoch auch kürzer oder länger dauern. Üblicherweise nimmt es bei den nachfolgenden Malen bereits deutlich weniger Zeit in Anspruch. Als Faustregel gilt: Je jünger das Baby ist, desto schneller wird es gehen. Ihr Kind wird die neuen Erfahrungen in seinem Gedächtnis speichern und in Zukunft erwarten. Es wird also, von Ausnahmen abgesehen, nicht mehr schreien, wenn Sie es allein ins Bettchen legen.

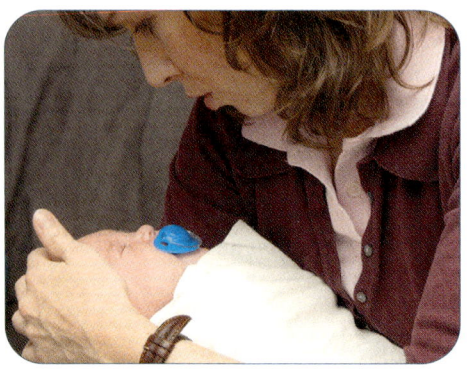

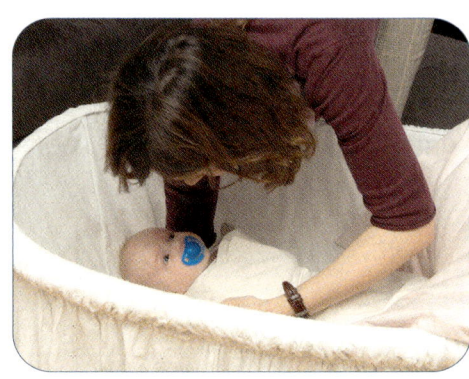

*Frau K. beruhigt ihre müde (in ein Tuch ge-
wickelte) Tochter Calotta, 6 Wochen alt,*

auf dem Arm, legt sie ins Bettchen,

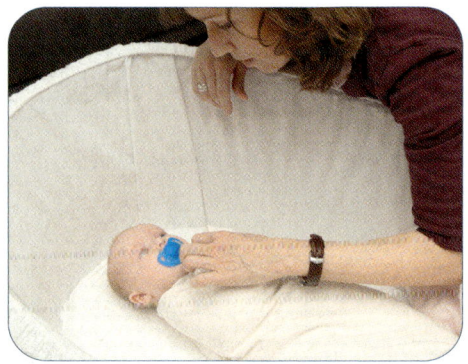

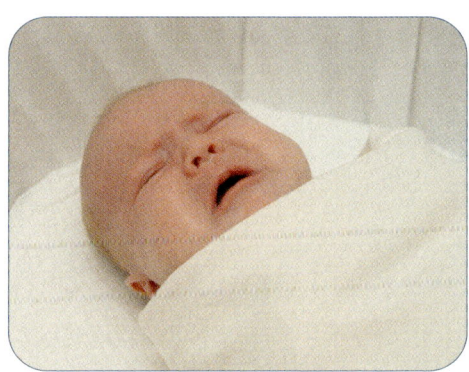

und verabschiedet sich liebevoll.

Nach einer Weile beginnt Calotta zu quengeln.

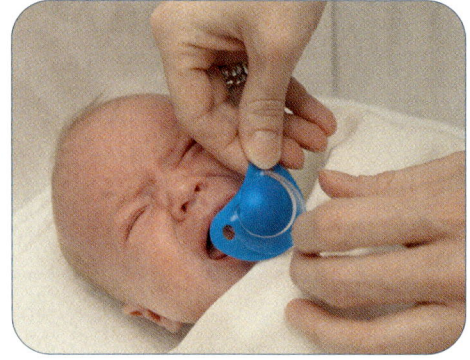

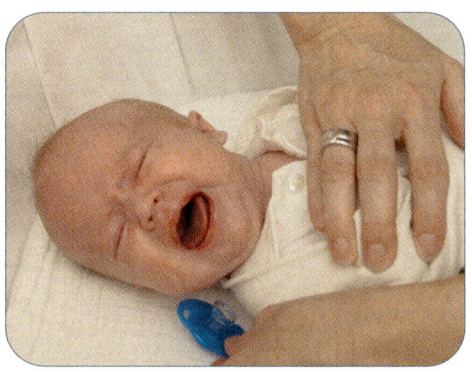

*Frau K. wartet erst ein Weilchen ab und steckt
dann den Schnuller nach.*

*Der Schnuller fällt raus und Frau K. legt ihre
Hand auf Calottas Brust.*

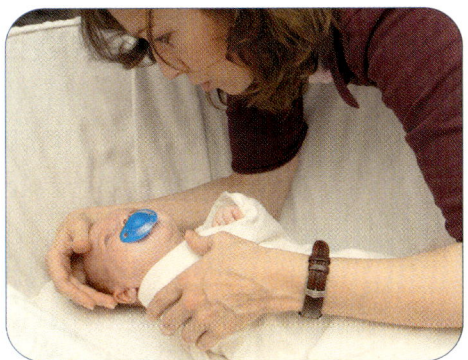

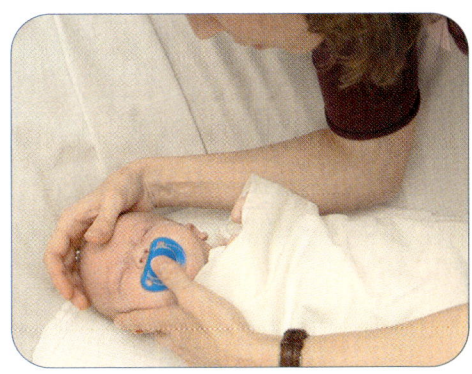

Aber Calotta schreit weiter und überstreckt sich. Frau K. begrenzt ihre Tochter

mit den Händen und spricht beruhigend mit ihr. Calotta wird ruhig,

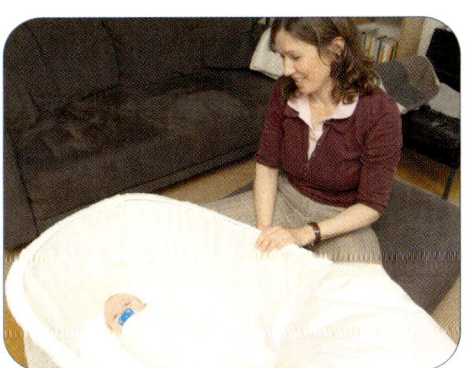

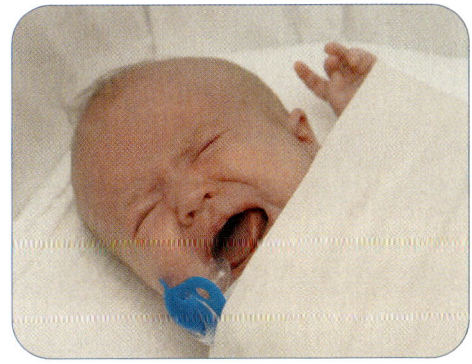

und Frau K. lehnt sich erfreut zurück.

Kurze Zeit später bricht Calotta jedoch erneut in lautes Schreien aus.

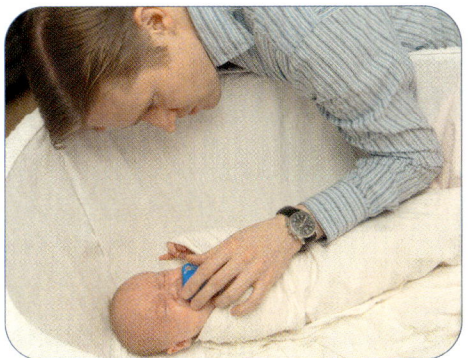

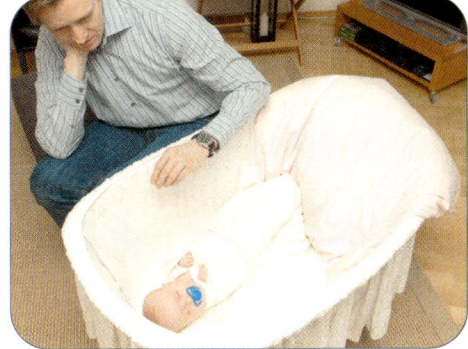

Jetzt löst Herr K. seine Frau ab.

Als Calotta ruhig wird, lehnt er sich zurück.

Schläft mein Kind auch in Zukunft immer selbständig ein?

Auch wenn Ihr Baby gelernt hat, gut zu schlafen, ist das in der Regel kein Dauerzustand. Schlafprobleme haben die Angewohnheit, wiederzukehren, wenn das Kind durch innere und äußere Veränderungen und Anforderungen verunsichert wird. In solchen Situationen wird es vorübergehend wieder »kleiner« und kuschelbedürftiger und verlangt vermehrt nach elterlicher Nähe. Dies passiert häufig, wenn es krank ist. Auch im Urlaub ist oft alles anders, und Eltern lassen ihr Kind auf dem Arm oder bei sich im Bett einschlafen. Anschließend kann es notwendig sein, den »Schlafunterricht« zu wiederholen.

Das Baby wacht nach kurzer Zeit wieder schreiend auf

»Ist Lutz endlich eingeschlafen, wacht er meist nach wenigen Minuten wieder auf und brüllt. Manchmal schläft er zwanzig Minuten oder so. Aber auch dann kann er doch noch nicht ausgeschlafen haben. Nehme ich ihn hoch, schreit er weiter und kommt nicht zur Ruhe.«

Viele Babys wachen wenige Minuten nach dem Eindösen wieder auf und fangen an zu schreien, weil sie sich noch nicht selbst beruhigen können. Werden sie dann erneut zur Ruhe gebracht, schreien sie manchmal kurz darauf ein zweites Mal auf und vielleicht noch ein drittes oder viertes Mal.

Das Wiedereinschlafen erfordert die gleichen Fähigkeiten wie das anfängliche Einschlafen. Können Kinder nicht selbständig in den Schlaf finden, gelingt es ihnen auch nicht, sich selbst zu beruhigen, wenn sie in den Phasen des aktiven Schlafs aufwachen und weiterschlafen möchten. Sie erwarten dann die ursprüngliche Einschlafhilfe. Aus ihrer Sicht ganz folgerichtig.

Empfehlungen

Wacht Ihr Baby nach wenigen Minuten wieder auf, helfen Sie ihm weiterzuschlafen.

► Haben Sie sich für eine Einschlafhilfe entschieden, dehnen Sie diese in Zukunft etwas aus. Halten Sie Ihr Baby beispielsweise etwas länger auf dem Arm und legen Sie es erst ab, wenn es tiefer schläft.

► Anderenfalls gehen Sie erneut nach dem oben beschriebenen Motto »So viel Hilfe wie nötig, so wenig wie möglich« vor. Jetzt wird Ihr Baby vermutlich schon schneller zur Ruhe kommen, da es bereits einmal in seinem Gedächtnis gespeichert hat, dass es allein (oder mit minimaler Hilfe) in seinem Bettchen eingeschlafen ist. Es kann sein, dass es wenige Minuten später ein weiteres Mal aufwacht und schreit. Geben Sie zunehmend weniger Hilfe. Irgendwann wird es in den ruhigen Schlaf sinken. Nach kurzer Zeit hat es so gelernt, sich selbst zu beruhigen, wenn es zwischendrin wach wird.

Hat Ihr Baby etwas länger, aber nicht lange genug geschlafen (beispielsweise 20–30 Minuten), ist es erfahrungsgemäß nicht so leicht zum Weiterschlafen zu bewegen. Schreit es, warten Sie einen kleinen Moment ab, um zu sehen, ob es sich allein beruhigen kann. Gelingt ihm dies nicht, können Sie versuchen, es zum Weiterschlafen zu bewegen, entweder mit der ursprünglichen Einschlafhilfe oder wieder nach dem Motto »So viel Hilfe wie nötig, so wenig wie möglich«. Das ist jedoch meist mit viel Geschrei verbunden. Alternativ nehmen Sie Ihr Baby dann hoch. Da es jedoch noch nicht ausgeschlafen hat, wird es quengeln und schnell wieder Müdigkeitssignale zeigen. Nach kurzen Aktivitäten und dem ihm bekannten Ritual müsste es dann schon bald wieder hingelegt werden.

Das Baby schreit weiter

Manchmal reagiert das Kind auf nichts, was Mutter und Vater tun. Es ist in unstillbar erscheinendes Schreien ausgebrochen. Allen Eltern sind solche Zustände vertraut, insbesondere in den späten Nachmittags- und frühen Abendstunden. Viele haben regelrecht Angst davor. Die Gefühle reichen von Sorge um das Baby und Mitleid mit ihm bis zu Ohnmacht und Wut.

Ein schreiendes Baby kann sehr wütend machen

»Noch nie war ich so wütend wie neulich Abend, als Sebastian stundenlang brüllte und durch nichts zu beruhigen war. Ich hätte ihn schütteln können.«
    Eltern sind häufig beunruhigt, wenn sie spüren, dass ihr Kind in ihnen auch negative Gefühle auslöst. Winnicott (1949) schreibt dazu, dass alle Mütter ihr Baby nicht nur lieben, sondern auch hassen. Er möchte mit dieser drastischen Formulierung die unvermeidlichen negativen Gefühle beschreiben, die alle Eltern parallel zu den positiven haben, auch wenn sie sich diese vielleicht nicht eingestehen. Was können die Gründe für solche Gefühle sein? Vielleicht war das Kind ungewollt oder stammt vom »falschen« Partner. Vielleicht haben die Eltern seinetwegen ihre Karriere aufgegeben und werfen ihm das jetzt unbewusst vor. Sie geben sich so viel Mühe, und das Baby scheint dies nicht zu würdigen. Es nimmt keine Rücksicht. »Erbarmungslos« klagt es die Befriedigung seiner Bedürfnisse ein.
    Werden negative Gefühle verleugnet, besteht die Gefahr, dass sie an unerwarteter Stelle hervorbrechen. Die Kunst besteht darin, diese Gefühle anzuerkennen, ohne sie in Handlungen umzusetzen. Winnicott schreibt: »Das Bemerkenswerteste an einer Mutter ist ihre Fähigkeit, sich von ihrem Baby so sehr verletzen zu lassen und so sehr zu hassen, ohne es dem Kind zu spüren zu geben, und ihre Fähigkeit, auf

spätere Belohnungen zu warten, die eintreffen werden oder auch nicht« (1949, S. 89). Diese Aussage gilt natürlich in gleicher Weise für Väter.

Manchmal gelingt es Eltern jedoch nicht, ihre aggressiven Impulse zu kontrollieren. Geschüttelt oder geschlagen zu werden, ist sehr gefährlich für ein Baby und kann zu lebensgefährlichen Verletzungen und sogar zum Tod führen.

Wenn Sie spüren, wie die Wut in Ihnen hochsteigt, legen Sie Ihr Kind in sein Bett und verlassen Sie den Raum, um sich zu beruhigen. Vielleicht hilft es Ihnen, eine Tasse Tee zu trinken oder eine Vertrauensperson anzurufen. *Gelingt es Ihnen nicht, Ihre negativen Gefühle im Zaum zu halten, brauchen Sie dringend Hilfe und fachlichen Rat (s. S. 114).*

Umgang mit dem unstillbar schreienden Baby

Manche Eltern nehmen sich vor, ihrem Kind jegliches Schreien zu ersparen, und merken dann schnell, dass dies unmöglich ist. Egal, wie feinfühlig sie sind, sie werden nicht gänzlich verhindern können, dass es schreit. Auch das unstillbare Schreien lässt sich nicht grundsätzlich vermeiden. Die in diesem Leitfaden gegebenen Empfehlungen können nur dazu beitragen, solche Phasen seltener und kürzer werden zu lassen.

Das Schreien eines Babys ist nur schwer zu ertragen, da es biologisch als Alarmsignal angelegt ist und bei den Bezugspersonen Stresssymptome und den starken Wunsch auslöst, etwas zu tun, um es abzustellen. Umso schlimmer und unerträglicher ist es, wenn die Bemühungen nicht von Erfolg gekrönt sind. Das Baby schreit weiter. Was nun?

Die Wichtigkeit einer unterstützenden dritten Person
Alle Mütter kennen die Situation, dass sie mit ihrem schreienden Baby allein sind und sich die Lage zuspitzt. Je mehr das Baby

schreit, desto nervöser werden sie und desto weniger können sie einen klaren Gedanken fassen und Abhilfe schaffen. Schnell kann so ein Kreislauf wechselseitiger Aufladung von innerer Unruhe und Erregung entstehen, aus der Mutter und Kind manchmal nur schwer alleine herauskommen. Ein Vater drückte das einmal folgendermaßen aus: »Wenn ich abends von der Arbeit nach Hause komme, hoffe ich immer, dass nur einer weint, meine Frau oder mein Sohn. Oft sind es beide.«

Welche Erleichterung, wenn der Vater hinzukommt und das Baby nimmt! Dann folgt nicht selten eine himmlische Ruhe, da der Vater entspannter in die Situation tritt und das Baby dadurch besser beruhigen kann. Natürlich kann eine solche Spirale negativer Emotionen auch zwischen Vater und Kind entstehen und die Entlastung durch die Mutter erfolgen.

Worauf es hier ankommt, ist, dass eine dritte Person hilft, solche Konflikte zu entschärfen. Alleinerziehende haben es schwerer. Steht kein Partner zur Verfügung, kann die bedeutungsvolle Funktion einer dritten Person auch von anderen Menschen wie Großeltern, Freunden oder professionellen Helfern übernommen werden.

Ein Baby möchte korperlich und emotional gehalten werden
Da sich Babys allein nicht helfen können, benötigen sie im unstillbaren Schreizustand in besonderem Maße unterstützende Bezugspersonen. Winnicott (1965) hat einen schönen Begriff geprägt, wenn er schreibt, dass die elterliche Aufgabe darin besteht, das Baby zu halten, körperlich sowohl als auch emotional .

Körperliches Halten
Nehmen Sie Ihr schreiendes Baby in den Arm. Entscheiden Sie sich für eine Position, die Ihnen angenehm ist und Ihrem Kind Halt gibt, so dass es sich gut aufgehoben fühlt und nicht mit unwillkürlichen Bewegungen zu kämpfen hat. In den ersten drei Lebensmonaten kann es hilfreich sein, es vorher in ein Tuch zu wickeln. Vielleicht möchten Sie langsam auf und ab gehen oder sich ruhig hin-

setzen. *Auch wenn es schwerfällt: Je unruhiger Ihr Baby wird, desto ruhiger müssen Sie zu werden versuchen.* Bleiben Sie möglichst bei einer Haltung und Aktivität und widerstehen Sie der Versuchung, der Unruhe Ihres Kindes mit einer noch größeren Unruhe zu begegnen, indem Sie eine Position nach der anderen ausprobieren und wieder verwerfen. Aber es kommt nicht nur auf das körperliche Halten an. Ihr Baby muss sich auch emotional gehalten fühlen.

Emotionales Halten
Versuchen Sie, sich ganz in Ihr schreiendes Baby hineinzuversetzen und ihm zu vermitteln, dass Sie bei ihm sind und verstehen, wie es sich fühlt. Ermöglichen Sie ihm, seine Erregung bei Ihnen »abzuladen«. Es geht jetzt darum, seine durch das Schreien ausgedrückten Empfindungen in sich aufzunehmen und erträglicher zu machen. Der Psychoanalytiker Bion (1992) spricht in diesem Zusammenhang davon, dass die Eltern die heftigen Gefühle ihres Kindes »verdauen« und sie ihm in modifizierter, abgemilderter Form zurückgeben. Gelingt Ihnen das, wird sich Ihr Baby besser entspannen können. Auf diese Weise lernt es, dass innere Zustände, die es zunächst überfordern, gar nicht so schlimm sind, sondern positiv verändert werden können. Indem Sie die Empfindungen und Gefühle Ihres Babys auf diese Weise regulieren, lernt es langfristig, das immer besser selbst zu tun.

Nun ist dies jedoch leichter gesagt als getan. Schließlich geht es um den schwierigen Balanceakt, sich in das Baby hineinzufühlen und gleichzeitig die eigenen erwachsenen Kompetenzen zu behalten.

Über die Schwierigkeit, sich in das Baby einzufühlen und gleichzeitig erwachsen zu bleiben

Die Natur hat es so eingerichtet, dass sich Mütter und Väter gut in ihr kleines Baby hineinversetzen können. Teilweise fühlen sie sich, als seien sie selbst wieder ganz klein und würden alles noch einmal aus dieser Position heraus erleben. Dieses Sich-in-das-Baby-Hineinfühlen, die Welt aus seiner Perspektive wahrzunehmen, gibt ihnen die Möglichkeit, optimal auf seine Bedürfnisse einzugehen. Ein Kind braucht so etwas. Bion (1992) spricht von einer »träumerischen Beschäftigung« der Eltern mit ihrem jungen Baby. Damit meint er ein Mitschwingen mit seinem Erleben, ein Nachempfinden seiner Gefühle und ein kontinuierliches, nicht bewusstes Nachdenken darüber, wie die Welt wohl für es ist und wie es ihm gerade geht.

Dies ist die eine Seite. Auf der anderen Seite benötigt ein Kind aber auch Eltern, die in schwierigen Situationen einen klaren Kopf behalten. Die nicht nur so empfinden wie es, sondern ihm gleichzeitig helfen, das zu tun, wozu es selbst noch nicht in der Lage ist. Fühlen sich Eltern ausschließlich in ihr Baby ein, haben sie manchmal keinen Zugang mehr zu ihren »erwachsenen« Fähigkeiten, sondern das Gefühl, selbst wieder zum Baby zu werden. Eine Mischung aus träumerischer Einfühlung in das eigene Baby und gleichzeitiger Distanzierung von ihm zu leben kann schwer sein und muss, insbesondere in schwierigen Situationen, innerlich immer wieder neu errungen werden. Frau L. beschreibt das folgendermaßen:

»Wenn meine kleine Anna schreit, kann ich richtig fühlen, wie sie leidet. Sie tut mir dann so schrecklich leid. In solchen Situationen bekomme ich selbst Herzklopfen und einen ganz heißen Kopf. Ich kann dann manchmal keinen klaren Gedanken mehr fassen und weiß nicht mehr, was ich noch machen soll. Es fühlt sich an, als würde es nie wieder besser werden. Neulich war ich selbst so fertig, dass ich mit ihr zusammen geweint habe. Aber manchmal schaffe ich es auch, aus diesem Teufelskreis auszusteigen und ein bisschen Abstand zu bekommen. Dann bin ich wieder ich selbst und weiß, was zu tun ist. Anna scheint das sofort zu merken und beruhigt sich dann viel schneller.«

5

Der Leitfaden hat nicht zum erwünschten Erfolg geführt

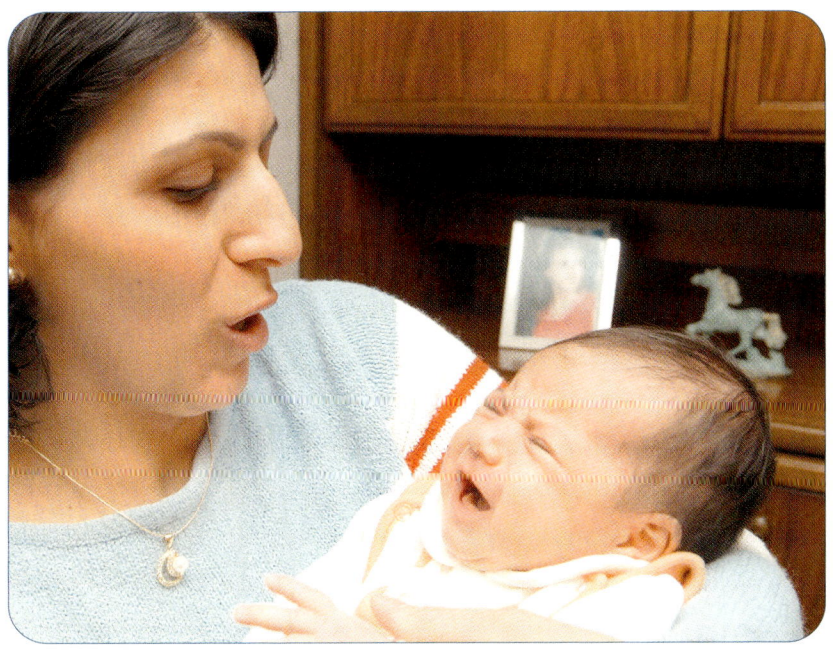

Jeder Ratgeber hat Grenzen. Deshalb wird es immer Eltern geben, für die dieser Leitfaden nicht ausreicht. Ihr Baby schreit weiter, obwohl sie versucht haben, den Empfehlungen genau zu folgen. In vielen Fällen liegt das Problem darin, dass sich »Gespenster« ins Kinderzimmer eingeschlichen haben und die Eltern-Kind-Beziehung stören. Als Behandlungsmethode für solche Probleme wird meist die Eltern-Säuglings-Psychotherapie angewandt (vgl. z. B. Fraiberg 2003; Cierpka et al. 2007).

Eltern-Säuglings-Psychotherapie

Das Ziel einer Eltern-Säuglings-Psychotherapie besteht darin, die »Gespenster« ausfindig zu machen, die es den Eltern erschweren, die Signale ihres Babys realitätsangemessen zu interpretieren und zu beantworten. In der Behandlung wird versucht, eine Verbindung herzustellen zwischen der Art und Weise, wie Eltern ihr Kind erleben, und Erfahrungen aus ihrer eigenen Vergangenheit. Immer wird versucht herauszufinden, wen das Baby repräsentiert. Sehen sie sich selbst in ihm oder eine andere wichtige Person? Vielleicht ist es der Vater oder die Mutter? Es kann auch der Opa, die Oma, ein Geschwister oder ein anderer Mensch aus der Vergangenheit sein. Die mit diesen Personen verknüpften Gefühle werden – ohne dass ihnen das in der Regel bewusst ist – in der Beziehung zum Baby aktiviert und neu erlebt. Frappierend ist immer, wie detailgenau »alte« Erfahrungen wiederholt werden. Das Kind wird von den Eltern als genauso ängstlich, allein, verlassen, bockig usw. erlebt wie sie sich selbst fühlen bzw. früher gefühlt haben oder als genauso kritisierend, ärgerlich, fordernd, ablehnend usw. wie eine Person, die früher bedeutsam war.

Wenn Eltern erkennen, dass die Art und Weise, wie sie ihr Baby wahrnehmen, mehr mit ihnen selbst zu tun hat als mit ihm, können sie sich im geschützten Rahmen der therapeutischen Beziehung mit ihren eigenen leidvollen Erfahrungen auseinandersetzen.

Dies erleichtert es ihnen, ihr Baby realitätsangemessener wahrzunehmen, so dass die kindlichen Symptome meist schnell auf geradezu magisch anmutende Weise verschwinden. Damit ist das Ziel einer Eltern-Säuglings-Psychotherapie erreicht. Manchmal verspüren Eltern jedoch das Bedürfnis, sich noch weitergehend mit ihrer eigenen Geschichte zu beschäftigen. Dies müsste dann im Rahmen einer Einzeltherapie geschehen.

Zwei »Gespenster im Kinderzimmer«

Wie in Kapitel 3 beschrieben, lassen sich zwei Arten von »Gespenstern« unterscheiden: »Mein Baby ist wie ich« und »Mein Baby ist wie meine Mutter, mein Vater, mein Bruder usw«. Jeder Typus wird im Folgenden anhand einer kurzen Fallgeschichte aus einer Eltern-Säuglings-Psychotherapie veranschaulicht. Die Beispiele sollen einen Eindruck davon vermitteln, wie spezifisch die »Gespenster« die inneren Konflikte der Eltern zum Ausdruck bringen.

»Mein Sohn hat Angst vor dem Schlafen und fühlt sich in seinem Bett nicht sicher«

Frau N. meldete sich zur Beratung an, weil ihr dreimonatiger Sohn Anton wenig schlafe. »Wenn er merkt, dass Schlafen angesagt ist, reißt er seine Augen weit auf, als wolle er sagen: Ich bin nicht müde. Ich werde nicht schlafen.« Schon jegliche Ruheposition sei ein Problem. »Als wenn er nicht mit sich allein sein kann, und das wäre er ja, wenn er die Augen schließen würde, auch wenn wir da sind.« Anton schlafe auf unterschiedliche Art und Weise ein: auf dem Arm, an der Brust, mit der Mutter im Bett, wenn er mit einem Fön bepustet werde usw. »Es passiert irgendwie bei Körperkontakt.«

Ich erfragte die von Frau N. vermutete Ursache des Problems: »Was hat Anton? Warum verhält er sich so?« Frau N. erlebte das Weinen ihres Sohnes als Ausdruck von Angst. »Er fühlt sich in seinem Bett nicht sicher«, sagte sie. Einen Grund dafür gäbe es eigentlich nicht, da ein Elternteil ständig verfügbar sei. Um die Sorge besser zu verstehen, brachte ich das Gespräch auf Frau N.'s lebensgeschichtlichen Hintergrund. Frau N. berichtete, dass ihre Mutter die Familie nach einem Suizidversuch verlassen hatte, als sie selbst in der Pubertät war. »Sie ist aus dem Krankenhaus nicht zu uns zurückgekommen.« Frau N. hat ihre Mutter auf eigene Initiative Jahre später wiedergesehen und sei dann noch einmal von ihr enttäuscht und verlassen worden. Nach dem Weggang der Mutter blieb Frau N. mit ihren Geschwistern beim Vater. Als sie davon sprach, fiel es ihr wie Schuppen von den Augen: »Die Panik, die mein Sohn hat, wenn er ins Bett soll, erinnert mich daran, dass mich mein Vater, wenn er betrunken nach Hause kam, häufig aus dem Bett gerissen und verprügelt hat.« Überwältigt von Gefühlen an diese längst vergangene Zeit, fügte sie hinzu: »Ich war wie mein Sohn jetzt. Ich habe auch nur geschlafen, wenn ich nicht mehr wach bleiben konnte. Ich hatte viele Alpträume und *habe mich in meinem Bett nicht sicher gefühlt.*« In einem plötzlichen Verstehen sagte sie: »Ich bin an einem Punkt, wo mich die Vergangenheit eingeholt hat und ich weitergebe, was ich selbst erlebt habe.« Es breche ihr das Herz, wenn ihr Sohn in der Wiege liege und schreie. »Ich habe auch geschrien, und es hat keinen interessiert. *Ich hatte furchtbare Angst.*«

Es wurde deutlich, dass Frau N. durch die Geburt ihres Sohnes wieder mit der schmerzhaften Gefühlswelt ihrer Kindheit konfrontiert wurde. Sie identifizierte sich mit ihrem Sohn und ging wie selbstverständlich davon aus, dass er sich genauso allein, bedroht und vielleicht auch wütend fühlte wie sie selbst früher. In gewisser Weise wurde sie innerlich wieder zum verlassenen und traumatisierten Baby. Auf der anderen Seite wollte sie eine bessere Mutter sein, als ihre es gewesen war. Sie wollte ihrem Sohn Sicherheit und Geborgenheit geben. Unter gar keinen Umständen wollte sie ihn verlassen, so, wie sie selbst von ihrer Mutter verlassen worden war, und das hätte sie in ihrem Erleben getan, wenn sie ihm zugemutet hätte, allein einzuschlafen. In Identifikation mit ihrem

Sohn hatte sie durch die ständige Nähe darüber hinaus wahrscheinlich unbewusst auch das Gefühl, wieder mit ihrer Mutter
verbunden zu sein und alte Wunden heilen zu können.

Für Anton stellte sich das Problem ganz anders dar. Da er daran
gewöhnt war, immer mit Körperkontakt einzuschlafen, »sagte«
sein Gedächtnis so etwas wie »Halt, stopp, dies ist anders als zuvor«, wenn plötzlich von ihm verlangt wurde, allein im Bettchen
zur Ruhe zu kommen. So reagierte er ganz folgerichtig mit Schrei-
en. »Dann interpretiere ich also etwas in ihn hinein, was gar nicht
da ist«, sagte Frau N. »Er braucht gar nicht mehr Nähe und Wär-
me, sondern nur jemanden, der ihm beim Schlafenlernen hilft.«
Als ihr deutlich wurde, dass ihre Interpretation seiner Signale
mehr mit ihrer eigenen Geschichte zu tun hatte als mit ihrem Sohn
(sie selbst hatte Verlassenheitsängste und den Wunsch nach ständi-
ger Nähe), war Frau N. schnell in der Lage, dies zu korrigieren. Innerhalb weniger Tage brachte sie ihrem Sohn nach dem Motto »So
viel Hilfe wie nötig, aber so wenig wie möglich« das selbständige
Einschlafen bei, und das Schreien ließ deutlich nach. Anton wurde
zu einem guten und ausdauerndem Schläfer.

»Ich bin ein Idiot«

Frau U. suchte um Beratung nach, weil ihr achtwöchiger Sohn Lukas exzessiv schrie und kaum schlief. »Gestern war der erste Tag, an
dem er eine Stunde wach und zufrieden war«, berichtete sie im
Erstgespräch, »das erste Mal seit acht Wochen. Aber danach ging es
auch gleich wieder los mit dem Geschrei. Ich kann nicht mehr.«
Auf die Frage nach der vermuteten Ursache für das viele Weinen
antwortete Frau U.: »Ich habe keine Ahnung, was er hat. Das ist ja
das Problem.« Eine große Sorge sei, dass ihre Milch nicht ausreiche
und ihr Sohn aus Hunger schreie.

Als Lukas im Verlauf der Sitzung hungrig wurde, begann Frau U.
zu stillen. Lukas kuschelte sich an seine Mutter und trank mit
langsamen, kräftigen Zügen. Nach einer Weile wurde er unruhig.
Auf die Frage, was Lukas damit »sagen« wolle, antwortete Frau U.:

»Da kommt nicht genug Milch.« Das war ihre quälende Vermutung. Nur Wiegen des Kindes vor und nach der Mahlzeit könne sie beruhigen. Ich fragte, ob Lukas untergewichtig sei. »Nein«, sagte Frau U., »überhaupt nicht.« Lukas zeigte seiner Mutter schließlich, warum er quengelte: Er machte ein Bäuerchen. Dann setzte er seine Mahlzeit an der anderen Brust fort. Wieder trank er mit großen Zügen. Als er anschließend ruhig und entspannt im Arm seiner Mutter lag, fragte ich, ob sie jetzt das Gefühl habe, er sei satt. Sie antwortete: »Eigentlich ja ... bis ich ihn hinlege. Wenn er dann schreit, denke ich wieder, dass es wohl doch nicht genug war.«

Von außen betrachtet erschien Frau U.'s Sorge unverständlich und unbegründet. Sie hatte ein gut gedeihendes Baby, das mit großem Appetit ausgiebig und lustvoll trank. Es gab nicht den geringsten Hinweis, dass die Milch nicht ausreichte. Dennoch hatte sie dieses Gefühl. Warum? Diesem Rätsel galt es, in der Eltern-Säuglings-Psychotherapie auf die Spur zu kommen.

Frau U. erinnerte genau, dass das Problem begann, als sie und ihr Mann vor einigen Wochen ausgehen wollten. Sie hatte sich eine Milchpumpe ausgeliehen und war dabei, Milch für den Babysitter abzupumpen. Auf der Packung habe gestanden, dass man für 60 ml etwa zehn Minuten benötige. »Ich sitze auf dem Sofa und pump und pump und brauche für eine minimale Menge eineinhalb Stunden. Da machte meine Mutter, die mir gegenübersaß und die ganze Zeit auf meinen Busen guckte, Alarm und sagte, Lukas würde an der Brust hungern. Seitdem habe ich das immer im Hinterkopf.« Frau U. betonte, dass es objektiv keinen Grund zur Sorge gebe, denn ihr Sohn sei während eines Krankenhausaufenthaltes vor und nach jeder Mahlzeit gewogen worden und habe ausreichend viel getrunken.

Ich erfragte Frau U.s Beziehung zu ihrer Mutter und erfuhr, dass sie immer das Gefühl hatte, den mütterlichen Ansprüchen nicht genügen zu können. »*Immer das Gefühl, als Idiot hingestellt zu werden, nicht gut genug zu sein.*« Als sie vor den Augen ihrer Mutter eineinhalb Stunden lang erfolglos versuchte, Milch abzupumpen, wurde ihre Angst, unfähig zu sein, auf grausame Weise bestätigt. Es war ein bekanntes Gefühl. »Ich entspreche weder dem Bild einer perfekten Tochter noch dem einer perfekten Partnerin, und als Mutter bin ich eine Katastrophe.« In Anwesenheit ihrer Mutter stelle sie sich mit ihrem Sohn immer besonders dumm an, so dass der Eindruck ihrer Unfähigkeit stets aufs Neue bestätigt werde.

Ohne es zu wissen, hatte Frau U. ihrer Mutter als »Gespenst« Eingang ins Kinderzimmer gewährt. Sie projizierte negative Einstellungen und Verhaltensweisen in ihren Sohn und nahm ihn als genauso kritisch wahr wie ihre Mutter. Zappelte Lukas beim Stillen, weil er ein Bäuerchen machen musste, interpretierte sie dies als Zeichen, zu wenig Milch zu haben. Schrie er aus anderen Gründen, zweifelte sie an ihren Fähigkeiten, ihn zufriedenstellen zu können. Auf diese Weise konnte sie gar nicht überprüfen, was er wirklich »sagen« wollte und brauchte. So, wie sie nicht in der Lage gewesen war, ihre Mutter zufriedenzustellen, gelang ihr das auch nicht mit ihrem Sohn. Sie verstärkte ihre Anstrengungen und trug ihn den ganzen Tag umher. Aber auch das war nicht von Erfolg gekrönt, Lukas schrie weiter. Sie reagierte darauf mit ohnmächtiger Wut. »Ich konnte ihn gegen die Wand knallen.«

Frau U. kämpfte in der Gegenwart um die Anerkennung und Liebe ihres Sohnes wie früher um die ihrer Mutter. Sie versuchte alte Interaktionen mit neuen Darstellern zu wiederholen und zu einem anderen Ausgang zu bringen. Lukas konnte ihr die ersehnte Anerkennung jedoch nicht geben, da er aus ganz anderen Gründen schrie; wie sich später herausstellte hauptsächlich, weil er chronisch übermüdet war.

Auf der anderen Seite identifizierte sich Frau U. aber auch mit ihrem Sohn. »Wenn er quengelt und schreit, fühlt er sich bestimmt genauso unverstanden wie ich mich früher.« Frau U. wollte die verständnisvolle und liebevolle Mutter sein, die sie sich immer gewünscht hatte. Führte sie nur die geringsten Grenzen ein, würde sie sich vermutlich als »schlechte« Mutter erleben. Deshalb war sie übermäßig nachgiebig und konnte ihrem Sohn keine haltbietende Struktur geben, ihm beispielsweise nicht beibringen, in einer gleich bleibenden Weise in den Schlaf zu finden.

Das Wissen um das »Gespenst« allein führte noch nicht zu einer Besserung, es gab der Behandlung jedoch ihren Fokus. So wurde es Frau U. immer deutlicher, dass sie kein »Idiot« war, sondern sehr wohl gute Fähigkeiten im Umgang mit ihrem Sohn hatte, und das, obwohl ihre Mutter ihr das nach wie vor anders zu vermitteln versuchte. Zwei Beispiele aus dem Ende der mehrere Monate umfassenden Eltern-Säuglings-Psychotherapie sollen dies verdeutlichen:

Frau U. fiel mehr und mehr auf, wie ihre Mutter mit ihr umging. Kürzlich habe diese wieder geäußert, wie tollpatschig sie doch sei und – an den Vater gewandt – hinzugefügt: »Das hat sie von dir. Du bist auch so.« Frau U. war empört und sagte: »Manchmal habe ich das Gefühl, meine Mutter will damit nur von sich ablenken, denn sie weiß und kann vieles selbst nicht.« Ich erwiderte: »Früher hätten Sie sich den Schuh angezogen und sich als ›Idiot‹ erlebt, jetzt können Sie sehen, dass solche negativen Beurteilungen weniger mit Ihnen zu tun haben als vielmehr mit Ihrer Mutter selbst.« Frau U. stimmte zu. Ganz wesentlich habe zu dieser Einstellungsänderung beigetragen, dass es ihr zusammen mit ihrem Mann, gegen den Widerstand der Mutter, gelungen sei, ihrem Sohn das selbstständige Einschlafen beizubringen. »Das war ein richtiges Erfolgserlebnis und Glücksgefühl für mich.« Seitdem sei Lukas viel zufriedener.

Wenig später erzählte Frau U. ein weiteres Schlüsselerlebnis. Einleitend erklärte sie, dass ihr Sohn sie, wenn er sich erschrecke, immer ansehe und prüfe, wie sie reagiere. Wirke sie beschwichtigend auf ihn ein, beruhige er sich, ansonsten schreie er. Vor einigen Tagen nun habe sie ihn gewickelt. Im Zuge seiner Bewegungen sei dabei etwas von der Wickelkommode gefallen und habe ein Geräusch verursacht. Lukas habe sich erschreckt und sie angesehen. »Er hat sich jedoch schnell beruhigt, als ich ihm vermittelt habe, dass alles in Ordnung ist.« Frau U.s Mutter habe diese Szene beobachtet und das Verhalten von Lukas mit folgenden Worten kommentiert: »Er guckt, als hätte er das Gefühl, was falsch gemacht zu haben.« Frau U. habe sich sofort gegen eine solche Interpretation gewehrt und sie als entwicklungspsychologisch unangemessen zurückgewiesen. Ein kleines Baby könne so etwas noch gar nicht denken, es wolle nur Orientierung in einer unbekannten Situation. Ich sagte: »Sie können sehen, dass Ihre Mutter etwas in Lukas hineininterpretiert, was ihm gar nicht entspricht.« Frau U. antwortete: »So war es auch bei mir, verstehen Sie? Das kann sie mit mir machen, aber nicht mit meinem Sohn.« Vehement fügte sie hinzu: »Das lasse ich nicht zu. Nicht mit meinem Kind.« Beim Rausgehen sagte sie: »*Ich bin kein Idiot, sonst hätte ich nicht so ein tolles Baby.*«

Ein weiteres Eingehen auf solche Problematiken würde den Rahmen dieses Ratgebers sprengen. Es handelt sich um sehr komplexe Phänomene und Zusammenhänge, die nicht mit allgemeinen Ratschlägen und Verhaltensempfehlungen zu lösen sind, sondern einer individuellen Beratung oder Eltern-Säuglings-Psychotherapie bedürfen. In vielen Fällen reichen nur wenige Gespräche aus, um die Situation deutlich zu entspannen.

Schreit Ihr Baby also weiterhin übermäßig viel, obwohl Sie die in diesem Ratgeber angegebenen Empfehlungen angewendet haben, möchte ich Sie sehr ermutigen, professionelle Hilfe in Anspruch zu nehmen.

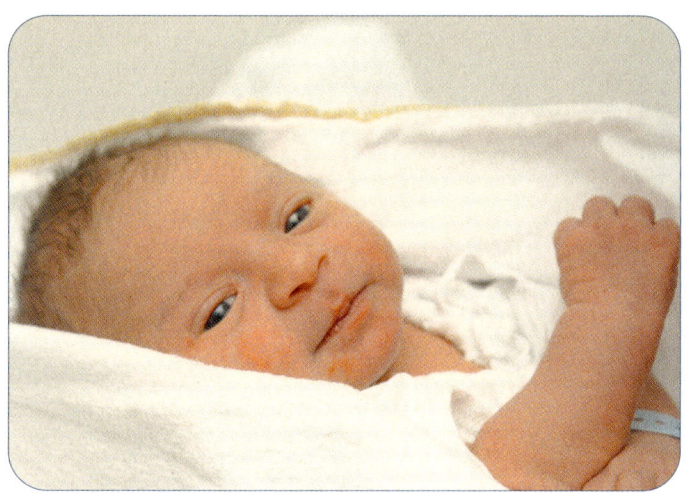

Anhang

Formblatt für ein Schlafprotokoll

Name Ihres Kindes .... Datum ....

Vormittag

6.00 Uhr   7.00 Uhr   8.00 Uhr   9.00 Uhr   10.00 Uhr   11.00 Uhr

Nachmittag

12.00 Uhr   13.00 Uhr   14.00 Uhr   15.00 Uhr   16.00 Uhr   17.00 Uhr

Abend

18.00 Uhr   19.00 Uhr   20.00 Uhr   21.00 Uhr   22.00 Uhr   23.00 Uhr

Vormittaq

24.00 Uhr   1.00 Uhr   2.00 Uhr   3.00 Uhr   4.00 Uhr   51.00 Uhr

Bitte tragen Sie ein:

Wenn Ihr Baby wach und zufrieden ist:

Wenn Ihr Baby quengelt oder unruhig ist:

Wenn Ihr Baby schreit:

Wenn Ihr Baby schläft:

Wenn Ihr Baby gestillt oder gefüttert wird:

Beispiel

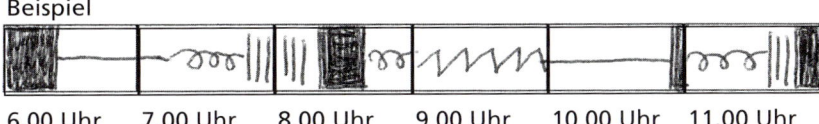

6.00 Uhr   7.00 Uhr   8.00 Uhr   9.00 Uhr   10.00 Uhr   11.00 Uhr

Adressen von Beratungseinrichtungen für Eltern mit exzessiv schreienden Babys

Ihr Kinderarzt wird Sie über Hilfsangebote in Ihrer Nähe beraten.

Eine Adressenliste spezialisierter Einrichtungen finden Sie auch auf der Homepage der Deutschsprachigen Gesellschaft zur Förderung der Seelischen Gesundheit in der frühen Kindheit (GAIMH) unter www.gaimh.de.

Literatur

Ainsworth, M.D.S. (1977): Skalen zur Erfassung mütterlichen Verhaltens. In: K.E. Grossmann (Hrsg.): Entwicklung der Lernfähigkeit in der sozialen Umwelt. München: Kindler, 96–107.

Barth, R. (2000): »Baby-Lese-Stunden« für Eltern mit exzessiv schreienden Säuglingen – das Konzept der »angeleiteten Eltern-Säuglings-Übungssitzungen«. Praxis Kinderpsychol. Kinderpsychiat. 49: 537–549.

Barth, R. (2004): Baby-Lese-Stunden: Ein interaktiver Ansatz zur Kommunikation mit Schreikindern. Hebammenforum, 9: 633–638.

Bion, W.R. (1992): Lernen durch Erfahrung. Frankfurt a.M.: Suhrkamp.

Bowlby, J. (1975): Bindung. Eine Analyse der Mutter-Kind-Beziehung. München: Kindler.

Brazelton, T.B. (1962): Crying in infancy. Pediatrics.

Brazelton, T.B. (1995): Ein Kind wächst auf: Handbuch für die ersten sechs Lebensjahre. Stuttgart: Klett-Cotta.

Cierpka, M., Windhaus, E. (2007): Psychoanalytische Säuglings-Kleinkind-Eltern-Psychotherapie. Frankfurt a.M.: Brandes & Apsel.

Deutsche Gesellschaft für Kinderheilkunde und Jugendmedizin e.V. (2000): Stellungnahme zu pädiatrischen Fragen: »Plötzlicher Kindstod«. Monatsschrift Kinderheilkunde 11.

Deutsche Gesellschaft für Kinder- und Jugendpsychiatrie et al. (Hrsg.) (2. Auflage 2003): Leitlinien zur Diagnostik und Therapie von psychischen Störungen im Säuglings- und Kleinkindalter. Köln: Deutscher Ärzte Verlag.

Dornes, M. (1993): Der kompetente Säugling. Frankfurt a. M.: Fischer Taschenbuchverlag.

Dornes, M. (2006): Die Seele des Kindes. Frankfurt a. M.: Fischer Taschenbuchverlag.

Fraiberg, S., Adelson, E., Shapiro, V. (2003): Gespenster im Kinderzimmer. Probleme gestörter Mutter-Säuglings-Beziehungen aus psychoanalytischer Sicht. Analytische Kinder- und Jugendlichen-Psychotherapie, 34 (120), 465-504.

Gerard, C. M., Harris, K. A., Thach, B.T. (2002): Physiologic studies on swaddling: An ancient child care practice, which may promote the suspine position for infant sleep. The Journal of Pediatrics, 141, 3, 398–404.

Gergely, G. & Watson, J. (1996): The social biofeedback theory of parental affect-mirroring: The development of emotional self-awareness and self-control in infancy. International Journal of Psycho-Analysis 77: 1181–1212.

Mahler, M., Pine, F., Bergmann, A. (1975): Die psychische Geburt des Menschen. Symbiose und Individuation. Frankfurt a.M.: Fischer (1987).

Michelsson, K., Rinne, A., Paajanen, S. (1990): Crying, feeding and sleeping patterns in 1 to 12-months-old infants. Child: Care, health and development. 16, 99–111.

Papoušek, M. & Papoušek, H (1981): Intuitives elterliches Verhalten im Zwiegespräch mit dem Neugeborenen. Sozialpädiatrie, 5, 229–238.

Papoušek, M., Schieche, M., Wurmser, H. (2004): Regulationsstörungen der frühen Kindheit. Bern: Verlag Hans Huber.

Pauen, S. (2006): Was Babys denken. München: Verlag C.H.Beck.

Rovee-Collier, C. & Bhatt, R. (1995): Langzeitgedächtnis im Säuglingsalter. In: H.G. Petzold (Hrsg.): Die Kraft liebevoller Blicke: Psychotherapie und Babyforschung, Bd. 2. Paderborn: Jungfermann, S. 143–165.

St. James-Roberts, I. & Halil, T. (1991): Infant crying patterns in the first year of life: Normal community and clinical findings. J. Child Psychol. Psychiat. Vol. 32, No 6: 951–968.

Stern, D. (1992): Die Lebenserfahrung des Säuglings. Stuttgart: Klett-Cotta.

Tronick & Cohn (1989): Infant-mother face-to-face interaction: Age and gender differences in coordination and the occurrence of miscoordination. Child Development, 60, 85–92.

von Klitzing, K. (1998): Die Bedeutung des Vaters für die frühe Entwicklung. In: K. von Klitzing (Hrsg.). Psychotherapie in der frühen Kindheit. Göttingen: Vandenhoeck & Ruprecht, 119–131.

Wessel, M. A.; Cobb, J. C.; Jackson, E. B.; Harris, G. S.; Detwiler, A. C. (1954): Paroxysmal fussing in infancy, sometimes called »colic«. Pediatrics, 14, 421–435.

Winnicott, D. W. (1949): Haß in der Gegenübertragung. In: D. W. Winnicott (1983). Von der Kinderheilkunde zur Psychoanalyse. München: Kindler, S. 77–90.

Winnicott, D. W. (1966): Die hinreichend fürsorgliche Mutter. In: D. W. Winnicott (1990): Das Baby und seine Mutter. Stuttgart: Klett-Cotta.

Winnicott, D. W. (1965): Reifungsprozesse und fördernde Umwelt. München: Kindler 1974.